JN437694

朴潤用의 詩와 隨筆

바람부는 대로 가는 구름

朴潤用의 詩와 隨筆

바람부는 대로 가는 구름

건강다이제스트社

차 례

제1장 나의詩

Part Ⅰ | 인생이란… 흘러가는 구름 같은 것…

Part Ⅱ | 잊혀지지 않는 그리움과 가족

차 례

Part Ⅲ | 삶의 향취를 구름에 싣고…

Part Ⅳ | 나그네 마음 구름에 싣고…

제 2 장 인생의 그림자와 빛 -수필과 잡기 모음-

제 3 장 내 발길 닿고 싶던 백두산과 금강산

책을 펴내면서

세상 사람들은 누구나 한 가지 재주는 가지고 태어난다고 하지만 아무 것도 내재內在한 것이 없다보니 알맹이 없는 빈 땅콩껍질 같은 인생人生.

그간에 지내오면서 느낀 그때 그때의 심정을 쓰게 된 것은 누구에게 읽히려는 것이 아니라 내 스스로 지나온 그때 그 순간의 느낌을 되씹어 보고 홀로 지난날을 그리워하면서 한 편, 두 편 적다보니 어느덧 한 곳에 모아 일생의 일기와 같이 엮게 되었다.

남 보이기 쑥스럽고 부끄러움을 금치 못하면서도 읽는 이로 하여금 속속들이 나의 마음을 보여 주어 나를 이해해주고 친구로 가깝게 대함에 보다 많은 도움을 주고 나를 이해해 줄 수 있는 진정한 많은 친구를 얻고자 편협된 졸작의 글을 드러내게 된 것이다.

원래 인간이란 언어라는 감성적인 표현으로 서로 대화를 하고 나면 그 사람의 성격, 인품뿐만 아니라 그가 가지고 있는 감정까지도 느끼게 되는데 그 횟수가 많으면 많을수록 친근감을 느끼고 정을 느끼게 되며 오랫동안 그 목소리를 못 듣게 되면 그리워지게 되는 것이 아닌지?

음성 갖고도 그러할진대 어느 사람의 글을 읽게 된다면 그 사람에게 내재되어 있는 사람 됨됨이부터 그의 모든 것을 좀더 정확히 알게 될 것이다.

물론 미사여구로 화장하듯 글도, 말도 꾸며낸 거짓 표현은 해당되지 않음을 첨언해두고 싶다.

인간의 수명에 육십 성상이 길고 짧은 것을 떠나 일단 그간의 생활을 정리하는 의미에서 누구에게나 즐거움과 괴로움은 교차하는 것!

표현의 방법은 다르나 괴로움도 즐거움으로 변화시킬 수 있다는 의미가 내포되어 있는 나의 참뜻을 표현하고자 노력함에 부족함이 없었는지 자신에게 물으면서 그간에 삶의 동반자로서 아내와 아들, 딸, 그리고 며느리, 사위는 물론 손자, 손녀, 형제자매와 일가친척을 비롯하여 가까이 항상 지내온 친구들을 돕고 의지하며 고맙게 생각함에는 내 생이 끝날 때까지 변함이 없을 것이다.

속속들이 나의 심정을 표현은 못다 하였으나 삶의 현장을 느끼고 적은 몇 줄이 시집이라고 할 수도 없고, 그렇다고 수필집이라고 할 수도 없어 구태여 이름 붙이자면 〈朴潤用의 詩와 隨筆〉이라고 정하고 그 이름은 〈바람 부는 대로 가는 구름〉이라는 제목을 붙여 시와 수필, 그리고 기행문 몇 편을 적어 놓기로 하였다.

추억이란 아름다운 것! 지난 해 피었다 진 꽃을 다시는 못 본다면 얼마나 공허하겠는가? 똑같은 지난 일은 또다시 되풀이되지는 않지만 그것을 돌이켜 적어놓고 반추한다는 의미에서 글을 적어 보기로 했다.

나의 참된 마음을 이해하는 데 도움이 되었으면 한다.

…팔월 어느날 박 윤 용

제 1장

나의 詩

그동안에 지내오면서 느낀
그때 그때의 심정을 쓰게 된
것은 내 스스로 지나온
그때 그 순간의 느낌을
반추해보고 싶었기 때문이다.

Part I 인생이란…

흘러가는

구름 같은 것…

바람 부는 대로 가는 구름

내 어디서 출발하여
흘러 흘러 여기왔나.
곤히 잠든 이 시간에
매일 쳐다보던
천장의 바로 위 지붕에
후두둑 뚝뚝 소리내며 비를 뿌리고
바람 부는 대로 흘러가누나.
지난 가을을 보내고
겨울이 올 때도
똑같은 소리를 내며
지나가더니
겨울이 다 지난 오늘도
똑같은 소리를 내며 지나는 소리에
나는 단잠을 깨고
너의 속 깊은 참뜻을 몰라
어두운 방의 천장을 주시하며
깊은 생각에 잠겼지만
오늘도 나는
"바람 부는 대로 가는 구름"을 잡지 못했다.

기도

우뚝 선 바위 위에
큰 솔나무 앉아 있네.

검푸른 바위의
이끼 솔 품어 앉고

뜨거운 태양열을
온몸으로 감싸주네.

머리에는 방울방울 솔방울을,
산비둘기, 산까치를 손짓하여 부르고

졸졸 흐르는, 냇물 소리 들으면서
오늘도 無念 無想, 비바람 소리만 듣고 있네.

바위에 걸터앉아 솔 향기에 취했을 때
저 아래 산사에서 독경소리 들려온다.

근엄하게 정좌하신 부처님 전에
눈물지며 불 밝히는 촛불과 같이

우뚝 선 바위 아래 수정 같은 고드름
심지 태워 불 밝히며 눈물짓는 촛불

무릎 꿇고 엎드려 간절히 기도할 때
근엄하신 부처님의 미소를 보면

수정 같은 얼음 알은 스르르 녹고
산사의 오솔길을 나 홀로 내려간다.

법당에 남은 것은 수정 같은 촛물…
촛물 고드름.

세월

파란 도화지 위에
솜 같은 구름이
두둥실 간다.

쪽배 같은 달님 배를 타려고
두둥실 흘러간다.

어디에서 날아오는 철새인가?
쪽배 같은 달님 배를 타려고
훨훨 날아서 쫓아간다.

파란 도화지 위에
흰 솜구름을 타려고
날개짓을 흔들며
끽끽 소리내며 간다.

달도 가고 구름도 가는데
철새도 날아간다.
달도 구름도 철새도 멈추지는 않을까?

흰 솜구름은 쪽배 달을 타려고
철새는 흰 솜구름을 타려고 간다.
쪽배 달은 예쁘고 파란 밝은 별을 태우려고
속도를 내며 내달린다.

철새는 흰구름을 놓치고
흰구름은 쪽배 달을 놓쳤다.

소가 싫어

노아라 노아라 노라
들면 무겁고
놓으면 가벼운 것을
아무도 모르지는 않지만
왜 무겁게
이고 지고 들고 하기를 바라는가?

큰 나무는 무거운 바람을
작은 나무는 작은 바람을
이고 지고 들고 간다.

앵 – 하고 시작하여
엉 – 하고 끝날 때까지
끈적끈적하게 붙잡고
단단하게 동여매고
그래도 모자라서 이고 지고 들고
멀고 먼 허공을 향하여
줄달음쳐 달린다.

해가 뜨고 달이 뜨고
봄 여름 가을 겨울이 오고 가고
눈비가 너에게 이고 지고 들고 가게 한다.

너의 엄마가 너의 아빠가
너의 동기간이 너의 친구가
너의 조상이 너에게 이고 지고 들고 가게 한다.

앵 – 하고 태어나면
손끝에 무엇이든 잡으려고 울었고
손에 잡히는 것이 없으면 두 발로 걸으며
모두 손에 잡으려고 뛰었다.

손에 잡힌 것은
차갑고 뜨겁고 아프고 쓰라린 것도 있다.
이고 지고 들고 무겁게 하고 걸어야만
웃는 소 같은 사람들

사람이 소인가
소가 사람인가
그것을 확실하게 아는 날
이고 지고 들고 가는 것을 놓게 될 것이다.

망각

올해도 망각을 일깨워주는
눈앞의 현실이 살그머니 다가온다.
먼 옛날 있었던 다정다감하던 그 추억들
너는 왜 모두 잊고 외로움과 슬픔에 그렇게 잠겨 있는가?
즐겁고 기뻤던 지난날의 거미줄 같은 시간의 흐름이여!

해마다 피었다 지고 마는 수많은 꽃들
싱그럽던 그 모습 지금은 없지만
펄펄 내리는 흰눈과 같이 떨어지는
노랗고 붉은 단풍잎을 보면서
새봄이 오기 전에 꽃망울을 준비할
너의 자태를 나는 망각 속에서 찾는다.

허전한 마음속을 쓰다듬고
바람에 흐트러진 머리카락을 만지면서
소매 깃 속으로 파고드는 찬바람을
힘찬 발걸음으로 쫓으려고
오늘도 나는 대지를 향해 내닫는다.

뇌리 속엔 안개처럼 뿌허연 지난 일들
생각하면 지워지고 만지면 없어지는
구름으로 만든 아름다운 그림들이
옮겨놓기도 전에…
흘러간 세월 속에 사라져 간다.

무슨 소리

무슨 소리가 들린다.
바람 소리, 시계의 초침소리
나뭇잎이 떨어지는 소리
문창호지를 면도칼로 긋는 소리
밤하늘에 유성이 떨어지는
날카로운 금속성 소리가
눈구름을 몰고 가며 채찍질을 할 때마다
바람 소리가 가기 싫다고
윙윙 울어댄다.

해맑은 달밤의 청초한
수많은 별들이
바람 소리가 무서워
파란빛을 발발 떨며
하늘하늘 떨고 있다.

무슨 소리가 들린다.
이 밤이 다 가면
그 바람소리 속에
정다운 친구의 목소리가
그 바람소리를 타고
우리 집 대문 앞에서
나를 부를 것이라고
바람은 가기 싫어
윙윙 울어댄다.

맑고 고운 달빛이 고운 웃음을 지으면서
붉은 빛을 한들한들 보내고 있다.
맑은 아침해가 뜰 때까지
멀고 먼 달나라까지는 오지 말라고
달님은 달달 떨고 있다.

가로등

골목길 홀로 외로이
우뚝 선 전주에 동그마니 앉아
오가는 이들의 그림자를 만들고
스스로 깜짝 놀라 떨어질 뻔했다.

다정한 애인을 쓸쓸히 기다려
한자리에 오뚝 서 이 밤을 지새네.
그 님의 모습을 지웠다 그리며
행여나 깜빡 졸음에 지나쳤나 놀랐네.

너는 나를 믿고 나는 너를 위해
어둠 속에 오직 이곳 홀로 서 비추었다.
기약 없는 그 약속을 지키기 위해서
이사 간 너를 오늘도 잊지 못해.

외로운 가로등에 비바람 몰아칠 때
멀리 간 그 애인이 이 골목을 찾았다가
가로등은 간 곳 없고 우뚝 선 전주만이
살던 곳 찾지 못해 어두운 밤 원망할까.

일기

지나간 어제가 오늘이 아니고
오늘이 또다시 오지 않는데
그 순간 그 순간을 지나쳐버리고
멍 하니 하늘을 우러러 보며
나의 참 모습을 찾으려 한다.

어제의 그림자는 작고 뚜렷했었지.
오늘의 그림자는 길고 흐려져 있네.
그것도 해가 지면 지워지고 없겠지.
오늘은 또다시 오지 않으나
태양은 내일도 솟아오른다.

일과

불그레 동녘하늘 날이 밝으면
나무에 둥지 틀고 사는 새들도
먹이 찾아 홰를 치고 둥지 떠나고
닭장의 수탉은 목청 돋우어
새날이 밝았다고 모두 깨우네.
오늘도 일찍부터 시작된 하루

집집마다 굴뚝에는 연기가 모락모락
새벽 장, 학교길 나서는 사람들
무엇이 그리 바빠 서둘러 가며
"안녕히 주무셨슈?" 인사를 하고
책가방 등짐 지고 뜀박질걸음
부지런하고 힘세기는 아침 통근차

어스름 서쪽하늘 해가 지면
강 건너 다리 위를 건너온 기차
새벽 장, 학교길 다녀온 사람들
"안녕히 가셔유!" 인사를 하고
밤하늘의 별들과 이야기하며
하루 일과 마쳤다고 보금자리 찾아드네.

시냇물

졸졸 시냇물 혼자 흘러가기 싫어
바윗돌 걸터앉아 물이끼 바라보고
조약돌 쌓인 언덕 은근 살짝 넘어서
쉬려다 미끄러지고 졸졸졸 흘러가네.

물방울 모여서 물거품 만들고
조약돌을 피해서 흘러 흘러 졸졸
가재는 조약돌 밑으로 숨고
물방개는 냇가로 잠수질하네.

지난 해 여행길에 함께 떠난 나뭇잎
졸졸졸 시냇물 혼자 흘러 먼 길 가고
가위 집게 가재와 물방개 이불 되어
쓸쓸히 웃으며 시냇물을 바라보네.

산골길

그 누가 언제부터 나다녔기에
큰 소나무 바위 사이 휘돌아가는 산골길에
물방앗간 절구공이 하늘 높이 치오른 듯
높다란 산골길이 또렷이 생겼는가?

그 얼마나 사람들이 지나갔기에
잔디풀 잡초가 허루하게 난 곳에
동아줄 풀어헤친 듯 꾸부정한 산골길이
산 머리 앞 이마에 가리마가 생겼는가?

할머니, 할아버지 다니시던 산골길
그 길 따라 엄마 아빠 되밟던 길
지금도 우리는 오르내리며
생각해본다. 언제부터 산골길이 또렷이 생겼을까?

파도

철썩
푸른 물이 흰거품을
끌어안고
흰 갈매기 떼지어
팔 벌리고 달려오면
파도는 줄지어
힘차게 몰려온다.

멀고 먼 수평선엔
흰빛 은별 무수한데
높고 낮은
산 같은 파도
쏴쏴 소리내며
철썩 부딪고
되돌아간다.

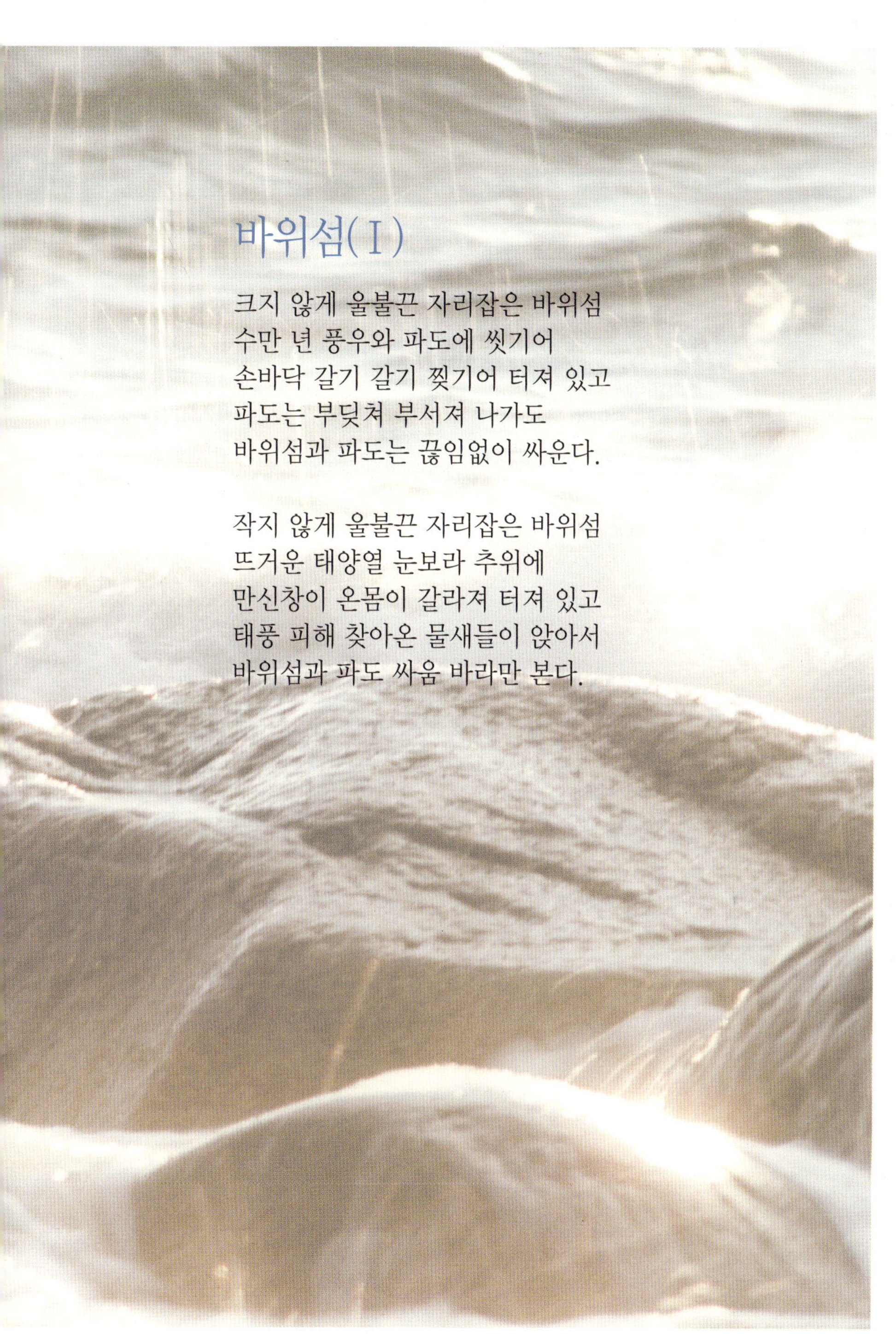

바위섬(Ⅰ)

크지 않게 울불끈 자리잡은 바위섬
수만 년 풍우와 파도에 씻기어
손바닥 갈기 갈기 찢기어 터져 있고
파도는 부딪쳐 부서져 나가도
바위섬과 파도는 끊임없이 싸운다.

작지 않게 울불끈 자리잡은 바위섬
뜨거운 태양열 눈보라 추위에
만신창이 온몸이 갈라져 터져 있고
태풍 피해 찾아온 물새들이 앉아서
바위섬과 파도 싸움 바라만 본다.

바위섬(Ⅱ)

크지도 작지도 않은 바위섬이
어느 날 갑자기 울불끈 자리잡고
천만 년 이 세상 다할 때까지
바위섬과 파도는 평생 싸운다.

생각없는 낚시꾼이 바위섬에 걸터앉아
바위섬과 파도 싸움
낚싯대로 말릴 때
갈매기떼 날아와 실례하고 날아갔다.

한 잔의 술

쉬지 않고 가는 것이
해, 달, 별인 줄만 알았더니
가는 것이 또 있더라.
바람, 구름, 그리고 나 또 너
내 어디 무엇을 붙잡고
나의 이 허전한
떠다니는 마음을
말해볼 것인가?

구름이 천둥을 부르고
쌀알 같은 소낙비가
내 마음을 소리없이 씻어내릴 때
나는 입 벌리고
하늘을 쳐다보며
아무 말 없이
너의 그 눈물을
받아 먹었노라.

날은 밝는 데

어스름한 이른 새벽
달콤한 새벽잠을 못다 이루고
하루의 시간을 늘려 사는
부지런한 사람들이
아무도 다니지 않은
이른 새벽길을 따라
신문 배달 우유 배달
오토바이 소리내며
동이 트기 전
어둠을 뚫고
달리며
새벽길을 연다.

한 집, 두 집 어둡던 창
환하게 불 밝히고
굴뚝에서 모락모락
삶의 열기 피어오르면

시뻘건 둥근 햇님
동쪽에서 불끈 솟고
멀리서 차 달리는
희미한 소리에
게으름뱅이 늘보는
이불을 돌돌 말고
엄마는 잠 깨우려
새벽 전쟁 벌어진다.

관념

그대 한가롭고 여유있게
나를 찾아도
나는 시계 밑에 매달린
시계추와 같이
가슴에 바람 안고
나도는 낙엽 같이
여유로운 시간을
속삭이지 못하고
바람에 펄렁이며
가늘게 흔들린다.

계절과 시간의 흐름에 따라
방향이 바뀌는
그림자 같이
골짜기에 졸졸
흐르는 냇물 같이
멈춤없이
흔들리며
흘러, 흘러간다.
정좌하고 두 손 모아
지그시 눈 감으면

바람 부는 대로 가는 구름
바람 부는 대로 가는 구름.

발자국

산사의 정결한 뜰 안이
조용하고 한가롭다.
깨끗이 쓸어낸
싸리비 자국 위에
노닐다 간 산새의 발자국뿐.

그 위에
맑고 밝은 햇살은 비추고
솔솔 바람이
뜰 안을 조용히 거닐고 있다.

간절한 소망을
가슴에 품고
뜰 안에 들어서
합장을 하며
나도 싸리비 자국 위에
소망의 발자국을
남기고 간다.

거울을 보고

마음을 가다듬고
또렷이 기억 못하는
나의 실상을 보고자
거울 앞에 앉았다.
두 개의 나(我)라는
몸체와 마음을
전에는 몸체가 하고자 하는 것을
마음이 허락해 주지 않았고
현재는 마음이 하고자 하는 것을
몸이 따라주지 않으니
두 개의 '나' 라는 그 실상을 보고자
들여다보고 두드려 보며 관찰한다.
몸과 마음이 하나임이 분명한 그때는
무엇인가 간절히 기도하는
그때의 그 모습뿐이라는 것을
거울을 보고 깨달았다.

물

네가 없이는
하루도 살 수 없는 나.
나는 너의 정체에 감동한다.

만져도 모양과 형체가 없던 너.
언제 뭉쳐져 물방울이 되었으며
또다시 수정 같은 알갱이가 되었단 말인가?

본질의 성질은 변하지 않으면서
형체만이 변하는
차고 온화하며 따스한 너의 성품 속에서
내가 오고 갈 곳을 알게 되었다.

무아(無我)

가고자 하는 세월을 붙잡고
가지 말라고 가지 말라고
두 무릎을 꿇고 앉아
두 손바닥으로 바람을 잡고
두 눈을 감고 잡았다고 안위하네.
망태기에 담으려는
그 짓이 하도 엄숙하고
간절하여
이름 붙여 기도한다 하더라.
그러나 간혹 구름도 별도 아닌
흐르는 바람을
두 손바닥 사이에 잡고 앉았더라.
정갈한 몸과 마음으로
시간의 흐름을 잊고
우주의 원심력에서 떨어져 나온
그 순간임을 알았노라.

자연은 인생의 스승

햇볕이 쨍한 무더운 날이
어둡고 두터운 구름낀 흐린 날이
주룩주룩 빗줄기가 계속 되는 장마가
태풍과 폭우가 쏟아지는 날씨가
끊임없이 눈 내리는 바람 부는 날씨가
꽁꽁 얼어붙은 추운 겨울 날이
이 땅의 높은 산 깊은 강
그리고 대양과 대지가 없다면
너와 나의 생각과 행동은 어떠했을까?

사람으로 태어나 저 세상 갈 때까지
두려워하고 존경할 줄 모르며 올바른 길을 못 찾아
교만하고 방자한 안하무인 되어서
뭇 짐승 꼭 닮은 한 평생을 살았겠지!
편협한 생활에도 공기와 물이 있고
느낌과 맛이 있다.
짠맛, 단맛, 쓴맛, 매운 맛이 그 속에 있고
차갑고 뜨겁고 아리고 고소한 맛 때문에
살맛을 느끼게 하지 않겠나?

차가운 느낌보다 시원한 건
고소한 맛이지만
고소한 맛 좋아하면
황천길에 지옥행
삶의 지혜는 자연 속에 있소.
인생의 스승은 자연이외다.

비 내리는 소리

바람 부는 대로 가는 구름도
계절과 시간 따라
이 땅에 찾아오는 소리는
다르고 다르더라.

꽃바람 타고 흘러온 저 구름은
지척지척 소리내며 한가로이 내리고
몽울진 꽃망울을 적시고 또 적시며
방울방울 꽃망울을 피우고 떨어지더라.

무더운 바람 타고 몰려온 먹구름은
주룩주룩 줄기차게 소리를 내며
연약한 풀잎과 나뭇잎을 때리면
새파란 파란 멍이 짙어만 가더라.

산뜩한 찬바람 타고 온 저 구름은
후두득 뚝뚝 소리도 요란하게
붉고 노란 단풍잎 우수수 떨어놓고
소란을 피우면서 황급히 가더라.

소리없이 흘러흘러 찾아온 구름은
새하얀 흰 꽃송이 되어 찾아왔지만
네 소리를 잃었느냐? 내가 듣지 못했느냐?
흘러간 세월 속에 네 소리가 궁금하더라.

꿈

많은 조각 구름이
파란 하늘 위로
뭉실뭉실 떠 흘러간다.
하얀 흰 구름은
학이 날개를 펼친 듯하고
검은 구름은
멧돼지가 사지를 쭉 펼친 듯
고무 풍선 같이 힘없이 떠간다.
바람 부는 대로 가는 구름
어디서 와서 어디로 갈 것인가?
공수래공수거(空手來空手去) 공수래공수거(空手來空手去)
어느 화장터 화구(火口)로 들어간 네가
화장구(火葬口)의 높고 큰 굴뚝을 지나
네가 원하던 형상의 동물이 되어
두둥실 떠 흘러
네가 왔던 그곳으로 바람 따라 가누나.
바람 따라 가누나.

언제인가 네가 오고파서 왔겠는가?
언제인가 네가 가고파서 갔겠는가?
우리의 인생은 모두 추억이야.
우리의 생활은 모두 꿈이었지.
흩어져 나르는 하얀 흰 구름 속에서
네 모습을 본 듯 잃었다.

존재(存在)

검은 구름 떼지어 나지막이 지난다.
도심 속 빌딩 위로 내려앉을 듯
캄캄하고 막힌 듯한 쓸쓸한 마음
천둥과 번개는 요란스레
적막함을 깨워주는 주룩비가
산뜻하고 상쾌한 느낌을 주며
각자의 존재를 재확인한다.

빌딩숲 사이사이 속속들이
옹기종기 모여있는 나뭇잎 위로
후두둑 뚝뚝 떨어지고
나와 상관없는 자동차는
빗줄기 속을
바쁜 듯이 뚫고
줄줄이 내달린다.

검은 떼 구름은 시원한
빗줄기 되고
흩어진 마음을 가다듬어 준다.
원색의 물감으로 새롭게 칠한
조화로움 속에
우산을 받쳐들고
나는 거기 서 있었노라.

나는 구름

바람 부는 대로
흘러가는 구름
흰 뭉게 구름
찬란한 태양 끌어안고
피고 지는 아름다운 구름꽃

검은 구름 두둥실
바람 부는 대로 흘러갈 때
온몸은 얼어붙고
움직일 수 없는
절망의 어둠은 왔다.

사자의 포효소리와
번쩍이는 불빛을 내쏘며
천둥과 번개가 되어
천 갈래 만 갈래
갈라지고 찢겨진
그 슬픔 속에
점 · 점 · 점 방울방울
빗방울이 되어 여기왔다.

새털같이 가벼운
흰 구름 되어
아름다운 산과 내 그리고 바다
자연을 바라보며
두둥실 바람에 실려
흘러가는 구름이더라.

밤길

달밤을 홀로 건네.
아무도 없는 길을
누군가 누군가 뒤따라오는 듯 싶어

살그머니 뒤돌아보면 아무도 없고
멀리서 멀리서
개 짖는 소리만 들리어 오네.

걸음을 재촉해 걸으면
달님이 어느 틈에 따라와
내 머리 위에 살포시 있네.

걷다가 하늘을 보면
저 앞에 달님은 앞서가고
뒤돌아보면 검은 그림자가 길동무 되어주네.

나는 걷다가 조약돌을 발끝으로 힘껏 걷어찼지.
노래하던 개구리는 소리를 멈칫하고
개 짖는 소리만이 요란하였다.

무인도

수천 만 년 묵묵히 한 곳에 자리잡고
맑고 푸른 깊은 바다, 파도가 넘실대는
그 속에 깊숙이 온몸을 담그고
산 같이 높은 파도, 잔잔한 물결로
오늘도 정갈하게 온몸을 씻으며
세상사 높고 낮은 고행길 걸어간다.

푸른 하늘 흰구름 올려다보며
풍우에 씻겨진 흰뼈는 드러나고
검푸른 이끼솔 몇 그루 나무만이
따가운 햇살과 찬바람 막아주네.

내가 너를 보는 것은 확연한 실모습
네가 나를 보는 것은 흐르는 세월
이 시간을 지나가는 네가 나를 보았는가?
내가 너를 바람 따라 스쳐서 간다.
수천 만 년 영원히 너는 그곳 서 있어도
바람 따라 지나가는 나는 구름이더라.

나는 구름이외다

나는 넓고 높은 하늘을 두둥실 흘러가는 구름이외다.
나는 푸른 하늘을 외로이 흘러다니는 구름이외다.
맑고 깊은 푸른 바다 속에서 힘차게 헤엄쳐
뛰어오르는 큰 물고기를 보았소.
넓고 푸른 바다 위에 하얀 물길을 만들며
곧게 내달리는 아름다운 여객선을 보았소.
바닷가 소금밭을 못 본 척 재빨리 지나
야트막한 야산의 비탈 밭에서
밀짚모자를 쓰고 김을 매는 농부를 한동안 바라보다
앞서가는 구름들이 재촉하는 천둥소리를 듣지 못하고
그 무리 속에서 떨어져 나온 구름이외다.

푸른 산 실개천을 바라보며 유유히 흘러가는 구름이외다.
펼쳐진 구릉지, 야트막한 산밑에는
몇 안 되는 농가의 지붕 위에 하얀 박꽃이 피었고
허리띠를 풀어놓은 듯한 농로 위에서
풀더미를 지게에 지고 소를 모는 농부를 보았소이다.
펼쳐진 논밭은 파랗게 싱그럽고
앞서간 구름들이 만들어준 시냇물에는
벌거벗은 개구쟁이들이 텀벙거리고 뛰어노는 것을 바라보며
한참동안 넋을 잃고 머물렀다 지났소이다.
수많은 조각 구름이 두둥실 흘러가는
그 무리 속에 나도 그들을 따라 흘러가는 구름이외다.

구름은 흘러간다

오늘도 높고 푸른 하늘에
바람 부는 대로 가는 구름
두둥실
바람 부는 대로
흘러 흘러간다.
가고자 방향을 정하고
앞을 바라보면
어디서 왔는지
맑고 조용한 듯한 바람이
살짝 스치고
구름은 바람 부는 대로
이끌리어 흘러간다.

또 어디를 갈 것인가?
낮에는 산과 들
그리고 바다를 내려다보고
어두운 밤하늘에는
무수히 흩어져 반짝이는 별들과
밝고 작은 쪽배 달을 타려고
힘껏 내달린다.

갈 길이 멀고먼 구름
쉴 짬도 없이
바람 부는 대로 흘러 흘러가는구나.
내가 가고 싶은 곳만 찾아갈 수 있겠는가?
내가 보고 싶은 곳만 찾아갈 수 있겠는가?

바람 따라 흘러 흘러 가다보면
잡다한 온갖 세상
바라보며 흘러간다.
높은 산 험한 준령
마루턱에 걸터앉아
계곡의 물소리 바람 소리 듣는 순간
아차차! 깜짝 놀라
산새도 푸드득 날아오르고
뒤따라 구름도 바람 따라 흘러가누나.
앞서간 구름은 보이지 않고
뒤따른 구름은 지척에 있네.
갈 길 먼 흰구름은 바람 따라 달과 별을 쫓아간다.

알지 못하고 넘어온 네다섯 고개

인생살이 백 고개
뒷둥댓둥 뒷둥댓둥
앙! 하고 탯줄 잡고 뛰어나온 인생살이
백 고개를 향하여
한 고개씩 넘어간다.

젖 먹던 힘 키워서 첫째 고개 넘어가고
어머니의 앞가슴과 푹신한 요 위에서
네 발로 엎드려 휘저으며 넘은 고개
허공 향해 두 주먹을 힘차게 불끈 쥐고
두 발로 걷어차며 고개를 넘을 때
어머니의 따스한 등 잊을 수가 없구나.

아장아장 걸어서 둘째 고개 넘을 때는
뛸라고 내딛다 엉덩방아 찧고서
찡그리며 쉬던 고개
되는 말 안 되는 말 마음 대로 지껄이던
네다섯 살 고개는 알지 못할 고개였지.

흰 구름은 어디로 가야 하나?

생각하고 생각해 본다.
두둥실 흘러가던
한 점의 흰 구름
잠시 멈칫 멈칫 하면서
자아(自我)를 흔들어 본다.
언제 어디서 무엇을 하라고
어떻게, 왜
이곳까지 흘러 왔는가?

아기 손톱 같은 흰 구름, 봉숭아꽃 곱게
아침 햇살 비추어 물들이는 데
흰 구름 푸른 하늘에 봉숭아꽃 해바라기꽃 활짝 피우고
붉고 노란 한 송이 꽃구름 되었는가?
두둥실 두둥실 흘러 흘러간다.
언제 어디서 무엇을 하고자
어떻게, 왜
이곳을 흘러가야 되는가?

드 높은 밤하늘에 한 점의 흰 구름이
달무리 영롱한 오색구름 속에서
무지개색 구름 되어 멈칫 멈칫 쉬어가고
여의주를 입에 문 흩어진 용구름이
꽃목걸이 구름 속을 헤집고 뛰어든다.
한들한들 흔들리는 달맞이꽃 무리들이
흰 구름 꽃구름 먹구름 손짓해도
흰 구름은 흘러흘러 이곳을 스쳐간다.

Part Ⅱ 잊혀지지 않는 그리움과 가족

첫 나들이

어머니와 처음으로
건넜던 한강교
그때는 봄비가
많이 내린 다음날
땡땡땡 붕붕
소리내며 달리는
그 전차 속에서
신기한 눈으로
한강을 바라볼 때
시뻘건 황톳물이
힘차게 흘렀고
흰 거품과 나무가
떠내려갔지.

두려움과 신기함에
자세히 살피면서
나루터에 매어놓은
수많은 보트들
그 속에서 나무를
건지는 사람들
난간에서 한강을
바라보는 구경꾼
나는 어머니와 함께
노량진에서 용산으로
전차를 타고
처음으로 한강교를 건너갔었지.

-어머니를 생각하며①-

손재봉틀

콩댐 장판 반질반질 윤이 나는 방바닥에
한 모퉁이 자리잡고
반듯하게 앉아있는
손재봉틀 울어머니
둘도 없는 단짝 친구

온종일 콩댐 냄새 방안에 가득하고
까만 머리 손재봉틀
안방 중심 나 앉으면
울 어머니 손잡이를 돌돌돌돌 돌릴 때에
찢어진 우리 옷 새 옷 되어 나왔지.

하루에도 몇 번씩 닦고 만진 손재봉틀
옆구리의 손잡이를 신나게 돌릴 때에
머리에 실패 바퀴 돌돌 돌아가고
바닥에서 흰 톱니가 실룩실룩 할 때마다
우리들 옷 꼭꼭 만들어내는 손재봉틀

까만 머리 손재봉틀 반짝반짝 윤이 나고
쉴 때에는 모자 쓰고 덧덮개도 또 썼지.
우리들 만질까봐
조심조심 다루었던
울 어머니 단짝 친구 까만 머리 손재봉틀.

-어머니를 생각하며②-

반짇고리

반짇고리 너의 집은 식구도 많아
실패, 바늘쌈지, 골무들이 자리잡고
그 안에 가지각색 조각 옷감, 실 있었지.

키가 큰 인두와 가위도 그 안에
떡 버티고 앉아서 어른행세하였다.
어쩌다 쓰시는 밀가루 풀 속에는
파란 곰팡이가 꽃피어 있었고
언제나 그 옆에 어머님 자리하고
아무도 못 만지게 사랑하였지.

어머님 시집올 때 가져오신 반짇고리
언제나 바라보며 친정 집 생각하고
소녀 시절 그 추억을 매만져 보았겠지.

반짇고리 식구 중엔 단추도 각양각색
자기들 끼리만 소복이 둘러앉아
시집갈 그 날들을 손꼽아 기다릴 때
우리들 윷판 돌로 요긴하게 쓰던 단추
검은 갱엿 깨어 먹던 인두도 요긴했지.
반짇고리 그 속에는 모든 것이 다 있었다.

–어머니를 생각하며③–

할미꽃

검붉게 곱게 핀 할미꽃이
양지바른 부모님 산소 옆에는
해마다 봄이면
찾아오는 데
애태우며 기다리는 부모님 마음
왜 그렇게 일찍이 몰랐었나요?

흰 머리에 허리는 구부정한 채
말없이 바라보며
미소지을 때
따가운 봄볕에 시들까봐
이 몸이 그 옆에서 그림자 만들고파.

어릴 때 소곤소곤 들려주시던
'할미꽃' 이야기 생각이 나서
부모님 그 모습을 다시 그리고
두 눈에 주루룩 눈물 흘리네.

-어머님을 생각하며④-

어버이 사랑

누구를 위하여 심지를 태우고
눈물을 지으며 불 밝히는가?
뚝뚝뚝, 줄줄줄

흘러내려도 마르지 않고
굳어져 종유석 만들며
이 세상 불 밝히는 등불이 되라고

어버이 간절한 소망의 심지가
촛불을 밝히고 조금씩 조금씩
타들어 꺼져간다.

모자(母子)의 인연

푸른 청단풍 가지에
바람!
작은 팔랑개비 같은 씨앗을
당신이 원하는
이곳에
떨구어 놓고
주위를 맴돌며
햇볕과 구름
그리고 눈비를 알맞게 뿌려
우뚝 서게 했지요.
봄이 오면 어여쁘게
여름에는 싱그럽게
가을이 오면 아름답게
겨울에는 외로웠으나
진정 벌거벗은
나를 보여 주었지요.

이제는
지나는
날짐승의 쉼터가 되었고
바람은 없어도
흔들리는 나뭇잎을 보고
누구를 그리워 하며
오라고 손짓하는
당신의 마음을 알 것 같아요.

심천(深川)

내 아버님 태어나신 심천을 찾을 때는
열세 살 동안의 소년이 었었지
경부선 철로
연결하는 조그만 역에
칙칙 폭폭
증기차를 타고
무더운 삼복더위
햇볕이 내리쬐던
1951년 여름 어느 날이었지.

역사(驛舍)의 그림자는
진하게 어둡고
코 앞에 우뚝 선 산봉우리 위로는
맑고 파란 하늘이 아름다웠다.
후끈한 흙냄새가
오공을 파고들 때
서울놈 십삼 년 간 행세하던 이 몸이
고른 숨 한 번으로
심천 양반 되었지.

역사를 빠져나와
초등학교 지나서
강을 끼고 재 넘어
터덜터덜 걸으며
손으로 씩씩 흐르는 땀 닦아내고
단전(丹田)리 들어서니 거고목(巨古木) 느티나무
그늘진 그 밑에 멍석을 펼쳐놓고
옹기종기 동네 사람 모여 있는데
누런 소, 까만 염소 함께 있었지.

골이 깊어 심천인가?
물이 맑아 심천인가?
그림 같은 단전리(丹田里)는 내 아버지 고향
조부조모(祖父祖母) 백부숙부(伯父叔父) 사촌일가 뼈 묻힌 곳
부모님 자리하고 누우신 그곳
아버님 소년시절 뛰어오르며 놀던 곳
바람소리 새소리 반짝이는 별을 보고
그 옛날 지난 일을 회고하면서
심천을 영원히 사모합니다.

초등학교 입학

까만 눈 부리부리
앞니 빠진 병형이가
초등학교 입학식 때
또래 또래 친구들과
얼굴도 모르는
엄마 선생님 구령 따라
두 팔 벌려 앞으로
손들어 줄 맞추고
하나 둘 셋 넷
씩씩하게 걸어가네.

앞니 빠진 일곱 살
말썽꾸러기 짱구가
세상에 무서운 사람
아무도 없어도
그 중에 꼭 따라야 할
오직 한 분 선생님
초등학교 입학한
나의 손자 병형이
선생님 뒤좇아서
씩씩하게 걸어가네.

친구

아무리 보아도 싫지 않은 그 친구
아무리 들어도 싫지 않은 그 목소리

수업 시간 끝나고
돌아갈 시간 지나도
운동장 한 구석에
책가방 내던지고
공 가지고 같이 놀던
다정한 그 친구들

어느덧 뉘엿뉘엿
해는 서산 넘었고
어두운 땅거미는
찾아왔는데
배고픔도 잊고서
함께 놀던 친구들

흙 묻은 책가방
탁탁 털어 들고
내일을 기약하고
아쉬움만 남긴 채
집으로 돌아가던
다정한 친구들

밖에서 부르면
밥 먹다 말고도
배 부르다 거짓말 하고
함께 나가 놀던 친구
다정한 그 친구
눈앞에 삼삼하다.

이런저런 이유로
시간을 공유하며
희노애락 함께 했던 지난날을 회상하니
아무리 보아도 싫지 않은 그 친구 얼굴
아무리 들어도 싫지 않은 그 목소리
다정한 그 정은 지금도 변함 없어

어느덧 칠십 성상 세월은 흘러도
옛정을 잊지 못해
아무개 부르며
믿음과 존경이 함께 하는 친구들
이대로 건강하게 정을 나누며
오래도록 살고 지고
오래도록 살고 지고

동치미

겨울 방학 어느 날
처음이자 마지막
귀향한 친구 찾아
약속한 그 날에
시간 맞춰 버스 타고
자갈길 황톳길을 털털대며 굴러서
뿌허연 먼지 내며
친구집을 찾아갔지.

가르쳐 준 정류장
팻말 앞에 내려서
양지마을 친구 찾아
야트막한 솔밭 지나
달구지길 따라서
마을 입구 들어서 제일 큰 집 앞에서
헛기침하고는
"아무개!" 소리쳐 나 왔다 알렸지.

감주냄새 살짝 나는 안방에 들러
부모님께 큰절로 인사를 하고
친구의 공부방 아랫목에 앉아서
걸게 차린 점심상을 둘이서 받았지.
백숙도 좋았지만
살짝 얼은 동치미 맛
그 맛이 일품이라 그 맛을 못 잊고
그 후로 그 친구를 '동치미' 라 불렀지.

다정한 벗에게 받은 신비디움

뽀로통 토라진
네 모습이
그런 대로 좋았는데
삐죽거린 듯
조금씩 조금씩
웃음을 머금은 모습이
더욱더 좋구나!

한동안 책상 위에서
삐죽거리다
뽀로통 살포시 웃으며
화사하게 보여주는
너의 참된 그 속 모습은
내 마음 즐겁게 하고
너의 향기에 취하여
나 또한 너를 대하고
할 말을 잊었노라.

청초하게 쭉 뻗은
싱그러운 잎과 더불어
오래 오래
그 정기가
방안에 가득하기를
너를 보며 바라노라.

작별

다정한 그 님을 작별하고
돌아온 그 밤에
허전함이여!

소곤소곤 그 음성이
귓가에 맴돌고
눈언저리 이슬은 마르지 않네.

고요하고 적막한 어둠 속에서
다정한 그 님을 붙잡으려고
허공을 헤집고 찾고 찾았다.

쓸쓸하고 공허한 이 마음을
다정한 그 님에게 전하고 싶어
눈 감고 살그머니 띄워 보낸다.

정이란?

따스함에 다가서는 것
마음속으로부터 우러나오는 참된 생각
내 어찌 순수한 마음으로
아낌없이 주는 것에 주저할 것인가?

다가서면 애틋한 마음
높낮이가 없이 주는
애모의 마음

그러나 정은
얼음조각으로 만든 유리그릇
잘 간직하고
영원함에 있다.

흘러가는 구름

넓고 푸른 잔디에 누워
옥색빛 파란 하늘을 바라보며
흘러간 옛일을 생각해본다.
물안개 뽀얗게 피어오른
저 너머 강가에서
나룻배에 걸터앉아
낚싯대를 드리웠던
그 친구가 보일 듯 말 듯
높이 뜬 비행기에
스쳐간 구름 아래로
보이는 파란 산과 들
그리고 굽이쳐 흐르는
강물이 보일 듯 말 듯

지나간 옛일이 희미하게
떠오른다. 생각이 난다.
한가로이 누워 올려다 본 파란 하늘에
내가 숨쉬고 걸어온 그 길이
밝은 햇살을 받으며
풀냄새가 싱그러운 푸른 잔디 위로
두둥실 흘러간다.
재빨리 지나쳐 간다.
온 세상이 파란 양탄자에 누웠다
싱긋이 웃으며 윗몸을 일으키고
저 멀리 푸른 하늘에는 잡지 못한 흰구름만
둥실둥실 흘러간다.

내가 만난 사람들

처음 볼 때 어디서 본 듯한 느낌
낯설지 않은 그 사람은
만나면 반갑고 편안한 사람
남의 말을 조용히 잘 들어주는
응응 그 소리가 달콤하여
외로울 때 그 사람을 또다시 찾게 하네.

입은 있어도 귀가 없는
자기의 주장이 뚜렷한 그 사람은
두뇌는 명철하고 올곧기는 하지만
만날 때 그때마다 두려워지고
알았오! 소리에 마음이 무거워
만나야 될 그 사람을 피하게 되네.

눈은 있어도 확인을 않고
잘생긴 두 귀만 덩그러니 붙어있는
얇은 귀에 가벼운 입

만날 때마다 궁금증을 주는
소곤소곤 그 소리가 재미가 있어
만나기는 하지만 두려워지네.

눈, 귀, 코, 입이 오똑하고 뚜렷한
조화된 얼굴 모습 호감이 가는 사람
듣기도 잘하고 대답도 잘하지만
되는 것도 없고 안 되는 일도 없네.
눈, 코가 잘 생겨 엉뚱한 생각하고
말뿐인 그 사람은 심심할 때 찾게 하네.

코는 있어도 눈이 없는
큰소리 꽝꽝 치는 바로 그 사람
입술이 두툼하여 먹기도 잘하고
논리도 정연하여 그럴 듯한데
꼬리도 잘 내리고 꽁무니도 잘 빼
또 만날까 다시 한 번 생각하게 하네.

눈은 있는데 눈썹이 없는 사람
눈썹은 있는데 눈이 없는 사람
속뜻은 깊고 인정은 많은데
조급한 성질에 일부터 벌려놓고
후회를 늘 하는 자존심이 강한 사람
만나야 될 그 사람은 또다시 찾게 하네.

눈사람 얼굴을 꼭 닮은 사람
눈, 입, 코가 ㅡ자나 1자
의지도 굳고 행동도 민첩한데
말과 행동은 언제나 거꾸로
애틋한 정은 속살을 베어줄 듯
만나야 될 그 사람 망설이다 만나네.

이런 사람 저런 사람 모두 다 좋을손가?
이런 사람 저런 사람 모두 다 나쁠손가?
우리네 생긴 모양 다 그렇고 그렇지.
눈, 귀, 코, 입이 모두 다 있고
심성 곱고 인정있는 의지 약한 사람들
특징 없는 생김새 그 사람이 좋더라.

외손녀 민희

퇴근 시간 맞추어
집 들어가는 초입에서
새까만 차만 보면 외할아버지인 줄만 알고
기다리던 외손녀가
몇 발자국 안 되는
주차장 집안까지
오늘도 태워달라
고사리 같은 손 흔들며 오똑이 서 있네.

외할아버지 퇴근하고
돌아올 때 기다리는
갸름한 얼굴에 긴머리 오똑한 코
웃으면 감기는 반짝이는 작은 눈
몇 발자국 안 되는
현관문 집안까지
오늘도 무등 타고
손들고 만세! 만세!

초승달

감청색 밤하늘에
초엿새 초승달이
나뭇가지에 걸려서 달랑달랑 흔들린다.
가려다 멈추고 가려다 멈칫 하면서
뜰 안의 나무를 흔들라고 손짓하네.

짙은 감색 밤하늘에
초엿새 초승달이
이웃집 지붕에 살포시 내려앉아
미소를 띄면서 가려다 멈추고
창 너머 우리 집을 가만히 들여다보네.

우리 집 깜돌이 쉽게 잠 못 이루네.
초엿새 초승달을 올려다보고
컹컹 짖어대며 놀자고 뛴다.
신홍, 병형 우리 손주 창밖을 내다볼 때
저 너머 초승달이 놀자고 손짓하네.

감나무

나무야 놀자.
무얼 하고 있니?
잠자고 있냐, 밥 먹고 있었니?
이른 새벽 먼동이 트기도 전에
참새 떼가 찾아와 짹짹짹 부른다.

노랗고 검붉은 때때옷을 입고
우리 엄마 주먹 같은 감이 주렁주렁
참새 떼가 위 아래로 숨바꼭질한다.

나무야 놀자.
무얼 하고 있니?
세수하고 있냐, 밥 먹고 있었니?
햇님이 불쑥 얼굴을 내밀고
까치 남매 찾아와 깍깍깍 부른다.

우리 집 대문 보고 고개짓을 하면서
아들 딸, 손자 손녀 할배집에 온다고
까치 남매 위 아래로 바쁘게 알려준다.

상사초(相思草)

어차피 한 번밖에 또 없는 한평생을
그리운 님!
그 한마디 말을 못하고
몹쓸 병 상사병에
떠나셨어요.

누구가 그리워
연정에 사로잡혀
저 세상 먼저가 그 님을 그리며
새 봄도 오기 전에
찾아오셨오.

지난 겨울 흰눈이 녹기도 전에
그리운 님!
그 님은 소식도 없는데
상사초 당신은
파릇파릇 돋고요.

누구가 그리워
잎마저 다 시들고
그 속에서 꽃망울을 머리에 이고
이 봄이 다 간 후에
피어 나셨오.

초하야(初夏夜) 월광경(月光景)

동구밖 산 넘어 휘영청 달 밝아라.
황금빛 보리 이삭 알알이 영글었네.
산등성이 나무 위에 소쩍새 한가롭다.

까칠한 노란 수염 월광에 황금이고
풍년이라 소쩍새 솥 적다 소쩍소쩍
둥지 품은 까투리는 잠못 이뤄 하더라.

산 넘어 개울 건너 우리 집 영창으로
둥근 님 고운 님 어두운 길 오셨다고
반갑다고 검둥개도 컹컹 짖는구나.

잊혀진 전원

동리 앞 언덕 위 아름드리 느티나무
옹기종기 모여서 숲을 이루고
그늘진 그 아래 멍석 펼치고
장죽(長竹)을 빼끔대며 장기 두던 할아버지
쌔근쌔근 잠자는 손주 옆에서
할머니는 손부채로 파리 쫓았지.

동리 앞 언덕 아래 흐르는 시냇물
엎드려 물 뜨던 바가지 우물
여인네들 발 담그고 빨래하던 맑은 물
개구쟁이 어린이도 텀벙거리며
고무신 손에 들고 송사리 잡던
사라진 전원 모습 삼삼하구나.

소낙비(1)

구름 타고 떠다니던
그때가 좋았지.
산도 보고 들도 보고 시내도 보고
두둥실 바람 따라 노닐던 그때
가다가 쉬엄쉬엄 고개 마루에
앉아서 한가하게 놀던 그때

저 아래 강가에 매어놓은 배가
고삐를 풀려고 몸부림 치며
맴도는 물결 따라 선유하면서
사공도 오기 전에 떠내려간다.
뱃전에는 삿대만이 덩그러니 누워
산마루에 쉬는 구름 태우고 간다.

봄이 오는 날

담 넘어 긴 목을 밖으로 내밀고
아장아장 걸어서 찾아올 손주
오늘일까? 내일일까?
기다리던 목련도
주먹만한 하얀 꽃 함박 웃었네.

철쭉나무 가지가지 꼬투리마다
희고 붉은 피멍이 방울방울 맺혔더니
반가운 내 손주 집에 오는 날
살짝 웃음 웃으며
환하게 웃었네.

그리운 님들

마음 속에 새겨진 인연의 모습을
몇 분이나 당신은 새길 수 있습니까?
오늘이 있기까지 흘러간 나날들
오늘은 그 분들을 생각해 봅니다.

수많은 은인들을 떠올리면서
가슴속에 또렷이 그려봅니다.
확연히 떠오르다 사라지는
님! 님! 님! 그 분들을 그려봅니다.

한평생 나에게는 공기, 물, 소금이었던
미소짓고 손짓하던 그 모습이, 왜?
그다지도 소중한지 마음속에 새겨진 님들!
한 분 두 분 떠올리며 생각해 봅니다.

가슴 속에 숨겨졌던 지난날의 사진첩을
오늘은 한 장 한 장 넘겨보면서
새록새록 지난 일 새겨진 그림을
생각수록 감사함을 떠올려 봅니다.

수술실

고요 속에 적막을 깨뜨리는…
곤충의 더듬이로 나의 귀를 때리는 알림
이슬이 깨어져 부서지는 듯한 소리로
들릴락 말락한 그 무엇을 알려준다.
지구의 이분의 일이 적막과 고요 속에 잠든 시간에
이 세상에 태어나기 전
묻혀 있던 그곳에서
적막의 고요함을 뚫고
나의 피를 고요 속에 끌어올리려고…
아! 이제는 그 삶에서 소리가 눈으로 보인다.
깨어날 때가 된 듯 싶다.
나는 눈을 감은 채 맑고 깨끗한 소리를 듣고 있다.

클로버 꽃

아들 딸 손잡고 나갔던 나들이
들에는 가지런히
클로버 꽃 양탄자

아장아장 걸으며
너희가 찾던 클로버 잎

클로버 꽃잎 피는
계절이 오면은

웃으며 아버지는
너희에게 묻고 싶다.

내 딸아! 내 아들아!
만들어준 클로버 꽃 목걸이,
반지, 팔찌 어디 두고
몇 장 클로버 잎을 찾고 있니?

미련 (그 분을 보았소)

산골길 구불구불 오르다보면
오르막 마루턱에 서낭당 돌탑
초가집 토담집이 한두 채 있는 두메
낯설은 손님보고 꼬꼬닭이 푸드득

고목나무 옆을 지나 흐르는 냇물
그곳에 돌을 쌓아 바가지 우물 파고
넓적한 돌 갖다 놓아 빨래터 만들었네.
여름에는 시원하고, 겨울에는 김이 나는
정갈하고 맑은 물이 퐁퐁 쏟아지는
그 우물 잊지 못해 가난을 못 버리던
그 분이 지금도 살고 있을까?

그 옛날 다락 밭은 간 곳이 없고
멍멍개와 꼬꼬닭이 술래잡기하고 놀던
산골마을 지나가던 길 잃은 나그네는
그 우물 속에서 그 분을 보았소.

이정표

뙤약볕 바윗돌 달구는 삼복
오르는 산마루길 모퉁이에
돌무더기 오뚝 서
오가는 사람에게
내 키 한 치 크게 하고
지나가며는
당신의 산행 무사
빌어준다고
그물같은 많은 입을 헤벌리고
흩어진 일가친척 동그마니
손잡고 무등 타고 오붓이 모여
지나는 나그네 바라다보네.

희방사

소백산 연화봉 오르는 산길 아래
죽령재 뚫어서 똬리 굴 만들고
칙칙폭폭 증기차 흰 김을 내며
지네 같은 기차가 힘들게 오갔다.

기차도 서지 않는 눈요기감 희방사역
풍기역에 내려서 희방사를 찾아
오솔길 산골냇물 징검다리 건너서
오르막길 오를 때 온몸이 땀에 젖고
희방폭포 물소리가 산속을 울리며
뽀하얀 물안개가 시원하게 포옹한다.

희방폭포 옆에선 바위를 비껴 지나
물안개 맞으면서 무지개를 오르면
고개들어 눈높이에 아늑한 희방사
내가 살던 '수철리' 까지 놀러왔던 맹수들
불심에 감화되어 지금은 간 곳 없고
산비둘기 산토끼만 옛이야기 전해준다.

무선전화

누군가 너를 생각하고 있다.
누군가 너를 지켜보고 있다.
어디서 나는 벨소리인가?
아무도 없는 적막한 곳에서
너를 생각하고 보고 있던 그가
반가운 목소리가 듣고파
너를 찾아 손끝으로 찾았다.

멀고도 먼 곳에서
산 넘고 물 건너 마을을 지나서
네가 있는 한적한 그곳을 알고
자동차, 기차, 비행기보다 더 빠르게
너를 생각하고 보고 있던 그가
반가운 목소리가 듣고파
너를 찾아 손끝으로 찾았다.

송구영신

꽃피는 듯 낙엽지며
칼바람 불어오면
사계절 한 해가
저 멀리 가버리고
보신각 종소리가
송구영신 알리며
가버린 그날들을
아쉬워 하네.
울림종 소리에는
한 해의 애환이
잘 가거라, 잘 있거라
한 해가 간다.
해 앞에 호랑이가 토끼에게 쫓겨간다.

Part Ⅲ

삶의 향취를 구름에 싣고…

희망

신기하도다, 신기하도다.
지난 봄 너와 똑같은
색상의 모양 꽃잎이
여름을 재촉하는 비를 맞고
나뒹굴더니
간난 아기 손톱 같은
새싹이 돋아났고
어린 아기 손바닥 같은
새 잎이 되었지.

신통하도다, 신통하도다
올해도 지난해와 똑같은
색상의 모양 꽃잎이
허전했던 그 마음을 달래주려고
그 자리에 또다시 찾아 피었네.
떨어지는 꽃잎 보고
애석다 하지 말고
돋아나는 새싹을 바라보면서
돌아오는 새봄을 기다리게나.

봄바람

바람이 분다.
바람이 분다.
가는 겨울 쫓으려 바람이 분다.
오는 봄 맞으려 바람이 불어온다.
바람은 오르락내리락
꽃바람, 봄바람 솔솔 불어오고
산등성이 새하얀 골짜기 얼음이
바람 따라 녹아 졸졸 소리내며 흘러간다.

바람이 분다.
바람이 분다.
두꺼운 겨울 옷 벗기려 바람이 분다.
화사한 봄옷을 입히려 바람이 분다.
봄바람, 미친바람 솔솔 불어오고
버들강아지 꽃망울 부풀어 피어오르면
냇가 빨래터의 방망이 소리 듣고
동면하던 개구리가 잠에서 깨어난다.

봄이 오는 길목

지난 밤 광풍이 세차게 불면서
집집마다 대문을
요란스레 흔들고
깊은 꿈 곤히 잠든 코 고는 소리에
창문을 덜컹 치며
단잠을 깨우더니
봄이 와요, 봄이 와요
알려줍디다.

지난 밤 광풍이 지나가면서
하늘에 먹구름
잔뜩 몰아오더니
이른 새벽 진눈깨비
지척지척 내리고
곧이어 주룩비가
봄이 온다, 봄이 온다
알려줍디다.

봄 내음

아지랑이 밭길 따라
바구니 끼고
봄 내음 풍기는
냉이, 달래, 쑥을 캐던
댕기머리 내 색시감
지금은 어디 가고
주름잡힌 얼굴에
파마머리 할머니가
밭둑에 곱게 핀
진달래꽃 바라보며
붉은 얼굴 고즈넉이
고개 숙이나.

진달래

지난 겨울 오르던
등산길 바위 곁에
옹기종기 모여있던
당신들이 누구인지.

봄눈이 녹아 내린
산비탈 양지쪽에
옹기종기 모여있던
당신들이 누구인지.

산비둘기 꾸륵꾸륵
우는 소리 듣고서야
산등성이 벌겋게 타오르는
당신들의 이름을 알았소이다.

민들레

작은 솜털 씨앗이
하늘하늘 오른다.
오라는 곳 없고
갈 곳도 없어
바람 따라 두둥실
흘러 흘러간다.

가다가 가다가
멈추는 곳 자리 잡아
민들레, 노랑꽃, 흰꽃 피워놓고
오가는 나비를 불러모아서
'잠깐 쉬고 가게나'
손짓을 하네.

밀밭

시퍼런 밀대가
시원스럽게
타조 머리 흔들 듯
똑같이 이삭을 머리에 이고
흔들흔들 바람에 일렁인다.

누가 가르쳤는지
초등학교 조회시간
교단 위의 교장 선생님께
학생들이 공손히 인사하듯
시퍼런 밀대가
일제히 고개 숙여
구부렸다 폈다 인사연습 하고 있다.

햇볕에 반사되는 물고기 비늘같이
밀대의 군무가 속삭이는 소리와 함께
눈이 부시고 귀가 간지럽다.

무궁화

화분에 고운흙 그득히 넣고
무궁화 꽃씨 한 알
꼭 심었네.
양지바른 문 앞에 동그마니 앉아
솔솔바람 가랑비가 두드리는 소리에
포근한 흙이불 살포시 들고
깊은 잠자리에서 부스스 깨어났네.

봄, 여름, 가을, 겨울 몇 해 만인가?
지난 해 봄 작은 집 화분을 떠나
주인집 현관
뜰 앞에 자리하고
드나드는 이들과 얼굴 익히며
꽃봉오리 몽실몽실 홍단심이라고
이어서 피고 지고 무궁화라네.

라일락꽃

집으로 들어가는 골목길 들어서면
라일락 꽃 짙은 향기
골목을 꽉 메우고
지나는 사람마다 미소를 짓네.

담 위로 소복이 핀 라일락 꽃
튀밥 같은 흰속살이 정다워서
창문을 활짝 열어 젖히고
그윽한 네 향기에 홀로 취했네.

가는 봄 오는 여름
알리는 라일락 꽃
이 봄이 가기 전에 흰눈꽃 내리며
저 홀로 여름을 재촉하누나.

줄장미

골목길 담장 사이 담벽을 타고
붉은 장미 송이송이
탐스럽게 피웠네.

동글납작 파란 잎줄기 아래
갓 낳은 강아지 이빨과 같은
연약한 가시가 돋아났고요.

한 뿌리 한 가족 한줄기 장미라고
송이송이 줄기에는 억센 가시가
소복이 핀 장미꽃 보듬어 안고
오월의 붉은 태양 노래합니다.

텃밭

요술쟁이 텃밭에 씨앗을 뿌리고
며칠이 지나서 새싹이 돋아났네.
비가 와도 좋고 햇볕이 나도 좋고
하루하루 키가 크는 또래 친구들.
솔솔 바람 불면 누구 키가 잘 자라나
내기 내기하면서 잘도 자라네.
키 크키가 똑같이 잘도 자라네.

우리 집 앞마당 요술쟁이 텃밭에는
언제나 또래 친구 놀이마당이었지.
키 큰놈 잎사귀는 뜯어서 반찬하고
키 작은 잎사귀는 모르는 척 하여도
어느 틈에 발돋움을 하였는지
아침에 일어나 텃밭을 보면
건강한 또래 친구 키가 똑같네.

초여름 밤

검은 비로드를 깔아놓은
초여름 밤의 하늘

골목길에 깜박깜박
졸고 있는 가로등 같은 별이
흩어져 반짝이고

논에 심은 어린 모는
뾰족뾰족 파릇파릇

세련되고 우렁찬
개구리들의 합창소리
지휘자는 없어도 화음은 일품

개구리 일가친척
밤새도록 노래하고

반짝이는 아기별도
술래잡기 하면서
노래 맞춰 반짝반짝

논두렁의 맹꽁이도
흥겨워 노래한다.

개골개골
개구울 개구울
맹꽁 맹꽁 합창하면

심어놓은 어린 모는
똑같이 키가 쑥쑥

무더운 초여름 밤
수영장인 논에 모여
개구리 일가 합창을 하네.

풍란

외딴섬 절벽 바위
아스라이 매달려
오고 가는 뱃소리로
위안을 삼고
파도 소리 철썩
물거품 일면
등댓불과 눈맞추며
살았던 고향
비바람 불어도
미동도 않던
그립구나!
물새소리 그리고 해풍
눈보라, 비바람
태풍 불어도
바닷말 해초 내음
씻기지 않고
물새만이 자유로이
오갈 수 있는
고독한 그 섬에서
내 여기 왔네.

장마철의 달밤

무더운 여름 밤
칠월의 상현달이
하늘 중턱에 걸려
땀을 흘린다.
달리는 화물열차
칸칸 사이로
좁은 틈을 뚫고
불빛이 살짝
비추이는 듯
환상적인 달빛
희미한 그림자
무대 위에 비추는 조명같이
찬란한 무지개 빛
재빨리 지나고
몰려든 시꺼먼
뭉게구름은
논두렁의 맹꽁이들

신바람 난 타령 소리에
겁에 질린 송아지가
엄마 소 곁에 바짝 붙어
오줌을 지리는 듯
주룩 좌좍….
외양간에 오줌 쏟는
소리와 같이
주룩 좌좍….
장맛비는 그치다 내리고
내리다 그친다.
달님은 구름 속에서
밤새도록 땀을 흘린다.

원두막을 찾아서

고추밭 옥수수대
서 있는 골 지나
고구마밭 두렁 따라
지나다보면
참깨, 들깨, 콩, 팥
저마다 향기 내고
원두막 집 한 채 오뚝 서 있어.
참외밭, 수박밭
잎줄기에 숨어서
노랗고 퍼런 것이
탐스럽게 매달렸네.
원두막 주인은
간 곳이 없고
바소쿠리 짊어진
지개만 덩그머니
혼자서 벌렁 누워
낮잠을 즐기네.

매미

나뭇잎 하나 움직이지 않는
무더운 여름날
나뭇가지에 매어 달린 매미가
두둥실 떠다니는 구름을 바라보며
한가로이 맴맴 노래를 한다.

산을 넘고 바다 건너 흘러온 구름아
이 마을 저 마을 드높이 떠다니며
펼쳐진 온갖 세상 보고 또 보아도
한여름날 숲속보다 나은 곳이 있더냐?
한가로이 맴맴 노래를 한다.

등산길

도심에 찌든 상념을 떨어버리고자
눈이 시린 파란 하늘을
우러러 보며
등산길 따라
풀잎에 맺힌 이슬을 발길로 털면서
오르고 또 오른다.

나보다 먼저 오른 산새 한 마리
계곡에 흐르는 맑은 물을
한 모금 입에 물고
가만히 귀를 기울이다
등산객 발자국 소리에
푸드득 높이 날아올랐다.

가랑잎 돌돌 말아 표주박 만들어
나도 물 한 모금 마시고
계곡에 걸쳐 있는 바위 위에
먹이를 조금 놓아두고
씩씩 콧김을 내뿜으며
등산길 따라 오르고 또 오른다.

귓속 깊이 박혀있던 도심의 소음
산새소리 바람 따라 솔솔 씻어내고
눈속에 찌든 먼지 훌훌 털어내며
새파란 맑은 하늘 눈속에 담고
맑은 공기 맑은 물로 심폐를 닦아내며
상쾌한 마음으로 등산길을 내려온다.

만추

활짝 핀 코스모스
한들거리는 길 따라
차 창문 활짝 열고
도로를 내달린다.

드높은 푸른 하늘
빨강, 분홍, 하얀꽃
나란히 무리 지어
지나는 길손에게
넌지시 손짓하는
만추의 계절

활짝 핀 들국화
향기 품은 길 따라
오솔길 산길 좇아
등산길 오른다.

강아지풀, 쑥대, 망초
누렇게 마르고
드높은 하늘에는
흰 구름만 두둥실
오르는 등산객
떨쳐놓고 흘러간다.

하늘만 쳐다보는 계절

앞마당에 펼쳐진 평상 위에는
꼭지가 파란
새빨간 물고추가
살랑이는 바람과 따가운 햇살 받고
쪽빛 하늘에 떠다니는 고추잠자리를
넋잃고 멍하니 쳐다본다.

반들반들 길들여진 쪽마루 위에는
싹둑싹둑 동그란
호박오가리가 나란히
앞마당 빨래줄에 한줄로 모여앉은
제비가족 모임을
힘없이 쳐다본다.

누렇게 시들고 마른 잎 사이로
녹슬은 철모를 엎어놓은 듯한 호박이
세로주름 뚜렷이 푹 파인 채
담장에 덩그머니 드러누워
쪽빛 하늘에 떠있는 흰구름만
긴 한숨 내쉬고 올려다본다.

노인의 하루

시원한 빗줄기
내릴 때마다
끝 모르고 오르던 온도계 눈금이
멈칫멈칫 하더니 더 오르지 못하고
선선한 바람이
조석으로 불어오네.

풀숲을 헤집고
땅속으로 숨어드는
귀뚜라미 슬피우는 계절은 왔건만
하던 일 손길은 바빠만 가고
짧은 해 하루가
아쉽기만 하네.

눈이 왔어요!

간밤에 문 다 닫고
잠든 사이에
소복이 흰눈이 몰래 왔어요.
우리 집 식구들 잠 깨울까봐
가만가만 흰눈이 내렸습니다.

칠흑같이 어두운 고요한 밤에
숨소리 발자국 소리도 없이
나풀나풀 흰눈이 내렸어요.
온 세상 지붕 위에 축복을 주는
포근한 흰눈이 내렸습니다.

새벽녘 대문 안에 배달된 신문
주우려 밖으로 나와 봤지요.
온 천지가 흰눈으로
새하얗게 바뀌고
신발에도 흰눈이 쌓였습니다.

소한 추위의 어느 날 일기

들숨 때마다 맑고 찬 공기가
두 콧구멍을 끈적끈적
달라붙게 하고
마루에 올라서
붙잡은 방문 고리에
손가락이 쩍쩍 달라붙어
심상치 않은 기온이
아랫목에 깔아놓은
깔포대기 밑으로
움츠리고 파고들게 한다.

온통 세상에 끈적한
녹말풀을 퍼질러 놓았는지
앉으면 일어설 줄 모르고
고연한 화롯불만
화젓가락으로 뒤적인다.

마려운 오줌을
참다 참다 시뻘개진 얼굴로
아랫도리를 두 손으로 감싸쥐고
방문을 박차고 냅다 변소로
내뛰는 하루였다.

겨울 나무

파랗던 너의 모양 풍성하였지.
황금색 은은하고 고귀한 네 모습
그 누군가 찬바람 휘몰아쳐서
회초리만 남기고 떠나버렸나.

음산하고 어수선한 나무 아래엔
오그라진 황금색 나뭇잎만이
바람에 이리저리 나뒹굴어 다니고
윙-윙 소리만이 귓가에 스치네.

어둡던 밤하늘에 흰눈 내리고
나뭇가지 줄기엔 흰솜 덮여
은색 빛 찬란하게 눈꽃 피우고
새봄이 오기를 고대합니다.

눈 내린 밤길 따라

눈 내린 시골 밤길
걸어가노라면
저 멀리 희미하게 비추는 불빛
걸어도 걸어도 끝이 없는
발목까지 푹푹 빠지는 길
발걸음 한발 한발 거닐 때마다
지나간 발자국을 남기면서
새하얀 논과 밭
지나쳐 간다.
앞서간 마을 사람 발자국 따라
고요한 이 밤길
나 홀로 걸으며
신선하고 상쾌한 들숨과 날숨
뽀얗고 하얀 입김
힝힝 뿜어내며
바위산 모퉁이를 돌아서 가면
이그러진 달님이 구름 속에 숨었다가
비탈진 오솔길 살짝 비춰주고
두툼한 검정이불
속으로 숨어든다.

사과나무

이른 봄 마디마다 눈망울 터뜨리고
지난 여름 가뭄에 얼마나 애태웠소.
수많은 나뭇잎을 품속에 품고
한 잎도 소중히 꽃피우고 열매 맺혀
소낙비 세찬 바람 따가운 햇살에도
잘도 키워 놨구려 콩알 만한 어린 열매

더도 덜도 아니게 골고루 잘도 키운
아빠는 뿌리
엄마는 줄기
맛 들고 때깔 내어
주먹 같은 빨간 사과
나무에 주렁주렁 풍성하구려.

언제인가 떠나야 할 사과를 바라보며
시원 섭섭 가벼운 마음 어떻다 하겠오.
엄마 아빠 함께 사는 사과나무여!
돌아오는 겨울에 매서운 바람 쐬고
눈꽃송이 맞으며 새봄을 기다리는
당신의 그 모습이 장하구려.

은세계

창 너머 북한산 바라다보니
캄캄한 지난 밤에 흰눈 내리어
두툼한 흰솜, 소복이 덮여 있고
우람한 북한산은 호호백발
누구가 그렇게 만들었을까?
은빛색 천상세계 눈뜨고 꿈꾸네.

창 너머 북한산 바라다보니
청솔밭 사이사이 흰눈 덮이고
이끼 낀 검은 바위 별천지 세계
백로떼 운집하여 노는 듯 싶어
넋잃고 멍하니 바라다보네.
천상세계 선남선녀 유희장이라네.

눈 내린 아침

어두컴컴한 이른 아침
쓰윽쓰윽 골목길을 쓰는
싸리비 소리에
부스스 눈을 뜨고
귀를 쫑긋 치켜세운다.

하얀 눈이 왔구나!
누가 이 이른 아침에
미끄러운 새벽길에 넘어질까봐
아름다운 마음의 씨앗을
골목길에 뿌리고 있을까?

온통 세상을 모두 얼려버릴 듯
매서운 추위가
엄습해 왔던 퇴근길 어제 저녁
종종 걸음으로
보금자리 찾아들던 사람 그리고 사람들

한강다리를 건너며
하얗게 얼어붙은 강물 위로
뽀하얀 눈가루가
방향을 잃고 휘날리며 안개가 자욱히 낀 듯
앞이 보이지 않는 어두운 밤길이었지.

창문을 열고 캄캄한 새벽 하늘을 올려다본다.
포근하고 촉촉한 아침공기가
방안으로 깊숙이 파고들고
건너다 보이는 지붕위의 새하얀 눈
깨끗이 쓸어진 싸리비자국 골목길이 환하다.

가시덩굴

산마루에 동그마니 모여 사는
외로운 가시나무 덩굴에는
저 멀리 아늑한 하늘에서
방향 없이 흩날리는
흰꽃송이 눈꽃송이
풀풀 흩날리는 천사의 편지
살포시 이고 지고 잠들어 있네.

길고 긴 겨울날의 외롭고 쓸쓸함
춥고 긴 겨울날이 너무도 지루하여
오들오들 떨고선 가시나무 덩굴
함박꽃, 웃음꽃 흩날리는 오늘
반가운 맷새떼 품안에 끌어안고
새봄이 오는 날을 기다리면서
한겨울의 외로움을 달래봅니다.

북한산

창 너머 바라보면 해 뜨는 곳
푸른 산 그곳에는 안개 띠 두르고
진흥왕 순수비가 우뚝 서 있다.

북으로 삼각산 남으로 인왕산
서로서로 손을 잡고 우뚝 선 그곳
푸른 솔 사이사이 바위도 조화롭다.

파란 비단 고운옷 맵시 나게 입고
머리를 불쑥 들고 한강을 굽어본다.
육백 년 도읍지를 지켜주던 북한산

도시의 허파로 생명력을 넣어주고
심신을 달래주던 고사찰이 곳곳에
계곡에는 맑은 물이 나무에는 산새들

진달래 능선, 대동문, 할딱 고개, 대남문
선인 중에 그 이름을 그 누가 붙였던가?
오늘도 오르고 내일도 또 오른다.

그 옛날 스님들이 호랑이 타고 오르던 산
등에는 바랑, 손에는 염주 쥐고
산까치가 인도하는 길 따라 오르던 산.

개골산

외금강 오르는
신계사 그 터에는
흰눈솜 하얀 이불 정갈히 해 덮고
깊은 잠에 곤히 취하여 있건만
모진 바람만이 벗기려 하누나.

외금강 오르는
신계천 냇가에는
할미 할배 엄마 아빠 손주 바위들이
옹기종기 모여서 단꿈을 꾸고
옛 이야기 들려주던 냇물마저 잠들어라.

신계천 옆에 끼고 오르는 길
개골산 풍광이 어떻다 하더이
아름드리 미인 송 적송들이 우뚝 서서
촉촉한 함박눈꽃 온몸으로 받쳐주고
객은 홀로 솔 향기에 취하여 있더라.

옥란 다리, 금수 다리, 만경 다리, 옥류 다리
오르고 또 오르고 다리 다리 또 건너서
삼록수 약수터에 시원한 물맛 보고
금강문 빠져나와 옥류동 무대 바위
멈춰선 비룡폭포 시간마저 세웠구나.

기다림

뿌허옇게 흐린 날씨에
넓고 엷은 회색 이불이
대지를 포근하게 덮어주고 있다.
떡쌀가루 같은 흰눈이
기다림 속에 내릴 때
더럽혀진 회색의 도심
흰가루 눈으로 덮여 청결하게 한다.

피아노의 음률 소리에는
소녀의 기도가 흔들리며 들려오고
천사의 발자국 소리와 함께
천지를 덮었던 뿌하얀 이불은
점. 점. 점 찢겨져 하얀 솜이 되어
너풀너풀 도심속으로 떨어져 미끄러진다.
점.점.점 까만 솜이 대지에 사뿐히 내려앉으면
하얀 떡쌀가루, 아니 하얀 솜으로 변한다.

너는 보았지. 마음의 문을 열고
회색빛 구름이불이 하얀 떡쌀가루로
재색빛 구름이불이 우리 누님 시집갈 때 가져갈
흰 이불솜이 되는 것을
한 잔의 차를 마시며 창밖을 응시하라.
피아노 음률에 가마를 띄우고
두둥실 저 하늘로 올라본다.
누가 찾아올 것 같은 기다림 속에….

Part Ⅳ 나그네 마음 구름에 싣고…

태국 '파타야'의 밤별

밤하늘의 흩뿌려진
사과 꽃 별들을
한 잎 두 잎 손끝으로
주워 모아서

초엿새 달님 같은 꽃바구니에
고이 가득 쓸어 담아
밀고 가서는
고향땅 밤하늘에 두고 보고파

백설 같은 백사장은 말없이 고요하고
넓고 푸른 그 바다는 흑빛으로 물들었어.
그 속으로 하나 둘 별똥별 숨어들 때
고향 땅에 가져갈 별들을 주워 담네.

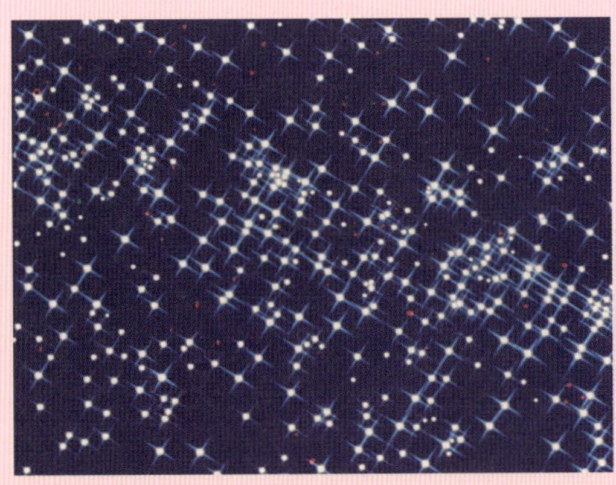

아소산의 분화구

일본의 큰 네 섬 중
남쪽 끝 섬 구주에
퇴적층 암벽을
갑옷으로 끼워입고
울불끈 솟아오른
활화산 아소산
지옥같은 낭떠러지엔
분화구가 아스라이
구름같이 피어오른
유황가스 넘쳐나고
지옥 간 악혼들이
떼몰려 움직인다.
그 속에서 빠져나온
몇몇의 사람들이
겁먹은 표정으로
사진 몇 장 찍고는
지옥에서 천당으로
황급히 내려갔다.

후지산

만년설 흰벙거지 깊숙이 쓰고
비취색 파란하늘 떠받쳐 서있는
가와꾸지에서 바라본 후지산 원경
꾸밈없이 아름다운 그 모습 장엄하다.
어찌하다 네 홀로 우뚝이 서
달 밝은 하구호에
오랫동안 누워 있나.

후지산 오르는 십합목(拾合目) 길 따라
촘촘히 우뚝 선 홍송(紅松)과 삼목
그 속에서 품어내는 향취를 드마시고
길 따라 오르며 더듬어본다.
사합목(四合目) 끝나는 오합목(五合目) 길목에서
애석다! 더 오르지 못함을 탄하며
달밤에 하구호에 배 띄워 오르련다.

日光(닛코) 화엄용 폭포

난타이산 우뚝 선 허리를 휘감고
긴머리 똬리 틀어 스무고개 만든 길
위험타 조심조심
이리꼬불 저리꼬불
오르고 또 오르며 온몸의 힘을 빼니
일본의 옛 역사 희미하게 생각난다.

뽀하얀 안개 속에
휘날리는 흰눈이
나그네 눈 속으로 눈물겹게 다가오고
직곧은 긴 터널 빨려들어 나오니
日光(닛코)의 시가지가
안개 속에 흐릿하다.

중선사 호수는 눈앞에 떠있고
말 타고 갑옷 입은 병사의 목소리인 듯
폭포 소리 귓속을 울리고 때리는 데
발 밑에 폭포는 안개 속에 잠기어
그 옛날 옛 모습 보여주려 하지 않네.
귀로 본 폭포 구경 궁금타 어찌하리.

하구호에서 본 후지산

후지산 봉우리에 만월이 차 오르면
하구호에 살그머니 온몸을 담그고
휘영청 달 밝은 밤에 목욕을 하는
그 모습 장엄하다.
아름답구나!
잘 생긴 그 얼굴은 물 속에 비춰도
은밀한 그 아래는 보이지 않는
수줍은 네 모습에 웃음을 지으며
나 홀로 우뚝 서 네 모습을 바라본다.
감청색 밤하늘엔 아기별 노래하고
하구호에 일렁일렁 몸 씻는 후지산
아침해 떠오르는 이른 새벽엔
씻고 또 씻어서 정갈한 모습
벌건 황금빛 광채를 내뿜으며
어디서 본 듯한 웅장한 자태
부처님 닮았네. 부처님 닮았어.

무한

한강(漢江)과 장강(長江)이 합류하는 그곳에
합수점(合水點) 중심으로 삼분하여 마련된 터
팔월의 장맛비가 주룩주룩 내리는 데
양자강(楊子江)의 황톳물은 도도히 흐르고
나그네는 우산을 꼿꼿이 받쳐 들고
장강대교 건너서 황학루 계단 올라
흐르는 세월 따라 바뀌어온 풍경 보고
천칠백 년 흘러간 옛 고을을 회고하며
무한을 거쳐간 인걸을 그려봤다.

제 2장

인생의 그림자와 빛

-수필과 잡기 모음-

지금와 생각하니 흘러간
지난 세월이 모두 다
그리움이다.
기쁨은 기쁨대로
슬픔은 슬픔대로
잊지 못할 추억이
될 줄은……

내가 살아온 시대에 본 개 이름의 변천과 역할

내가 이 세상에 태어난 것이 1938년이었으니 보고 느낀 견공犬公의 이름과 역할, 변천이라 해보았자 1944년 즈음부터 현재까지 보고 느낌을 적었다고밖에 할 수 없을 것이다.

우리나라의 자주정부 수립과 이데올로기 대립에 따른 민족갈등, 전쟁, 그리고 폐허가 된 잿더미 속에서 살아남은 자들의 생존 몸부림이 오늘의 참 '나' 인가를 회고할 때 우리 민족과 함께 이 땅에 살아온 우리의 견공은 또 어떻게 맥을 이어왔는가 보기로 하자.

옛날에는 견공의 이름이 대개 자기의 털 색깔에 따라 이름이 지어지거나 생긴 모양에 따라 구분되는 데 대략 '검둥이', '흰둥이', '누렁이', '바둑이', '삽사리', '발바리'로 불리었고 이들의 통칭은 '워리'로 통한다.

도둑을 지킨다는 개념보다는 주인과 함께 논밭의 일터에서부터 부엌에 이르기까지 따라다니며 생활하는 가족적인 개념이 더 컸었던 것 같다.

주인이 밭에서 일을 하면 그곳까지 따라 들어와 들쥐라도 잡고자 이리 뛰고 저리 뛰며 밭두렁을 누볐고 논에서는 논두렁에 길게 누워 논 속에서 주인이 나오기를 기다려 해질 무렵 주인의 지게 뒤를 쫄랑쫄랑 따라 길동무가 되어주던 견공.

안주인이 물동이 이고 물을 길러가도 따라가고 주인집 아이들과 온종일 함께 하고 싶어 학교 가는 아이들 뒤를 살금살금 뒤따라가다 아이들이 서면 자기도 서고 걸음을 재촉하면 또 따라가는, 학교 못 들어간 막내둥이 같이 싫어하고 좋아하는 것을 느낌으로 잘 아는 견공.

성이 난 주인 아들이 돌을 들어 던지면 몇 발자국 집 쪽으로 도망갔다 살금살금 뒤쫓아오는 견공.

그러다가 돌로 한 대 얻어맞고서야 슬금슬금 집으로 돌아가 마루 밑에 깔아놓은 가마니 위에서 밖을 내다보고 아이들이 학교에서 돌아오기를 온종일 기다리는 견공들이 이 땅에 살았었다.

나무를 하러 가는 주인의 거동이나 장날에 장터 가는 먼길 여행은 동네의 동구밖까지 배웅하고 집으로 돌아가는 눈치빠른 견공.

낯선 손님이 오면 일정한 간격을 두고 점잖고 급하지 않게 천천히 짖어대던 견공.

"이 놈의 개가!" 하고 점잖게 꾸짖으면 몇 발자국 뒤로 더 양보하고 짖어대며 주인에게 알려주던 견공.

발자국 소리만 듣고서도 동네사람 모두 알아보는 점잖고 능글맞게도 영리한 우리의 견공들이 언제부터인가 '똥개'라고 불리게 되었다.

견공의 성질이 그 시대 변천에 따른 인간성과 그렇게 흡사한지 나는 짐짓 놀라지 않을 수가 없었다.

한집에 사는 여러 식구 중에서도 많은 일을 하느라고 제일 적은 시간 동안 접촉한 가장을 알아보고 꼬리를 흔들며 동물적 복종 표시로 주인 앞에 구부려 뒹구는 모습은 겸손과 예의의 표시로 다른 가족들과 많은 시간을 함께 하면서도 구별되게 표현함은 참으로 놀라운 일이다.

이것은 주인인 가장을 중심으로 견공도 가족으로 대하여 줄 것을 넌지시 암시하는 영리한 표현이 아니라고 누가 부인하겠는가?

이름은 몰라도 "워리" 하고 부르면 목소리만 듣고도 누구네 집 몇째 아들, 누구인 것까지도 알아채고 컹컹 짖기는커녕 슬그머니 마루 밑 자기 집으로 들어가버리는 견공, 수줍기는 왜 또 그러한지? 양가집 처녀 같았다.

주인은 어미의 젖을 뗀 강아지 때부터 햇볕이 잘 드는 곳에 자리를 잡아주고 아침 저녁으로 나갈 때나 집에 들어올 때마다 한 번씩 들여다보는 것을 인사로 온 식구와 낯을 익혔으며 쫄랑쫄랑 따라 다니는 강아지에게 집과 길을 익혀주면서 묶어서 기른다는 것은 상상도 못하고 자유롭고 슬기롭게 한 가족의 개념을 가르쳐 주었던 그 슬기가 스스로 터득하고 자기가 할 일이 무엇인지를 깨닫게 한 듯 싶다.

요즘 좁은 주거환경에서 잡다한 서양 견공들이 우리나라에 들어와 호의호식하면서 사람 위에 군림하는 것을 볼 때 멀지 않아 사람 위에 견공이 세상을 지배하는 웃지 못할 일이 벌어지는 감을 느껴 스스로 우리의 견공을 비교 촌평해 본다.

6.25동란 후 그 많던 털 색깔과 모양의 견공은 사라지고 그나마 남았던 우리의 견공들이 서양에서 들어온 견공들의 힘에 밀려 생김새와 위세는 커진 것이 틀림없으나 거칠고 사나워져 목을 묶여 스스로 부자유스러워지거나 집을 지킨다는 개념으로 사육의 목적이 바뀌면서 친근감을 잃게 된 것은 서글픈 일이다.

1950년대의 우리 견공이 겪은 수난을 내가 직접 목격한 한 토막을 소개하고자 한다.

납작한 산비탈에
작은 초가집 한 채 동그마니
뒤뜰에는 동글납작한 돌로
쌓아올린 손바닥 만한 장독간
울타리는 싸리로 엮어 세웠다.
흙손으로 반듯이 손질한 듯한
정갈하고 평편한 황토 앞마당

툇마루 밑에는 짚을 엮은 자리에
누렁이가 누워서 눈만 껌벅
배고픔에 시달려 길게 누워있다.
방에서 어린 아이 울음 소리에
누렁이는 두 눈에 생기가 돌고
"워리"하고 여닫이 창문 '쾅' 하고 열리면
잽싸게 누렁이가 안방으로 들어간다.
엄마가 어린아이 사타구니 들이대면
누렁이는 순서 잊고 방바닥을 핥으려 하네.
엄마에게 한 대 맞고 그때서야 정신 차려
어린 아이 사타구니 깨끗이 닦아주고
누렁이는 방바닥 간식을 그때야 먹게 된다.
감자껍질 고구마 껍질이 견공의 주식 때다.

이렇게 우리의 민초와 견공은 더불어 살아오면서 때로는 비굴할 만치 생존을 위하여 투쟁하면서 이 땅에 살아온 것을 새삼 회상하게 된다.

오늘의 다양한 견공의 종류를 보면 애완견, 투견, 사냥견, 방범, 식용과 같이 세분된 것을 볼 때 세계화를 부르짖는 몇 년 사이에 가히 놀랄 만한 속도로 급진전하였음을 실감한다.

근래에 토속적인 이름은 찾아보기 힘들고 서양화라고 해보았자 '도그' 밖에 모르던 우리가 세계적인 배우와 탤런트의 이름을 따서 죤, 메리, 엘리자베스 등으로 부른 때도 있었으니 서양인들이 우리나라에 와서 그 소리를 들었을 땐 어떠한 생각이 들었을까? 나 역시 당시의 현실이 궁금하기 짝이 없다.

우리의 견공도 다음 세상에 태어날 때는 한 놈도 빼지 말고 모두 '애완견' 으로 태어나기를 바라면서 우리의 조상님들과 견공을 회상해본다.

초등학교 가는 길

아침 여섯 시 이십 분 하인천 역에서 서울로
첫 번째 통근차는 기적을 울리며
칙칙폭폭 칙칙폭폭 떠나간다.
하얀 콧김 씩씩 뿜어내며
학생과 회사원 출근 시간 맞추려고
통근차에 손님 싣고 어두운 새벽
서울역을 향하여 힘차게 내달린다.
머리에서 귀밑으로 흰 고드름 매어달고
지저분한 콧물을 질질 흘리며
헛바퀴 돌면서 칙칙폭폭 나간다.
출발역 하인천은 몇 명 안 되는 통근손님

동인천 역에서야 만원열차 만들고
어수선한 통근차 동인천을 떠나면
배다리 건너서 주안으로 달린다.
주안에서 부평으로 힘겹게 올라갈 때
오른쪽은 높은 솔밭 왼쪽에는 넓은 염전
한 번에는 올라 넘지 못하는 통학열차
행여나 늦을까봐 마음 졸이던 그 기차
부평역에 와서야 긴 한숨 내쉬고
조갈난 통근열차 꿀꺽꿀꺽 물 마신다.
한동안 쉬면서 정신을 가다듬어
부평역을 떠나서 소사역으로 칙칙폭폭.

소사역을 지나서 오류동에 이르면
내리막길 내달리던 그 시절 생각난다.
오류역을 떠나서 안양천 다리 건너
경인선, 경부선 합치는 영등포
노량진 떠나면 코앞에 용산역
덜컹덜컹 휙휙 한강 철교 건널 때야
용산역이 다 왔다고 책가방 챙겨들고
선로를 변경하려 이리저리 흔들리는
그 기차 속에서 오늘도 비틀배틀
하학길에 몇 번째 칸 타기로 약속하고
단걸음에 뛰어내려 구름다리 건너서

용산역을 빠져나와 뛰기를 시작한다.
팔뚝에 걸린 손목시계 자주 보며
굴다리를 빠져나와 미나리 강 지나면
전찻길을 건너서 또다시 뛰고
용문 시장 지나서 좁은 굴 빠져나가
학교 정문 들어서면 가슴이 덜컹
'오늘도 늦었구나' 마음을 졸인다.
책가방 옆에 끼고 신발 벗어 손에 들 때
책가방 속에서 손전등이 떨어진다.
층계를 조심조심
복도에서 뒷발 들고 살금살금 걸어서
교실문이 드르륵 소리내며 열리고
아이들이 우르르 모두다 쳐다본다.
"반장! 오늘도 기차가 늦었니?"
머리 숙여 서 있는 나를 바라보고
공부하던 '돌배' 가 큰소리로 묻는다.
선생님은 말없이 고개를 끄덕이시고
도시락 들어있는 무거운 책가방을
힘없이 책상 위에 올려놓는다.
의자에 풀썩 주저앉으면
창밖의 푸른 하늘 노랗게 변해있다.
중학 합격하려고 이렇게 공부했지.
1946년부터 1950년까지

6년 동안 개근하고 우등상 타려고
인천에서 서울로 기차 통학했었다.

일찍 끝나도 걱정, 늦게 끝나도 걱정
열 일곱 시 사십 분 귀가길 통근열차
그 기차를 못 타면 집에도 못 가
청소하기 싫으면 기차를 핑계대고
좋았던 그 시절 그때도 있었지!
약속한 그 찻간엔 반가운 친구들
지금은 어디에서 무엇을 할까?
보아도 보아도 반가웠던 그 친구들
들어도 들어도 싫지 않던 그 목소리
이제는 그 누구를 보아도 모르겠어.
영등포를 떠나서 구로역을 지날 때면
기차를 잘못 탔나 행여나 걱정하던
경인선, 경부선 갈라지는 그곳
밝은 달 쳐다보며 다니던 통근차
논밭에서 횃불놀이 아이들을 보며는
저절로 신이 나서 내다보던 차창문
주먹 같은 복숭아, 베개 같은 줄청참외(오류동 참외)
한 번도 내 돈 주고 못 사먹어 보았지.
냄새 맡고 지나던 그때 다시 생각난다!
이십일 시 지나야 도착되던 통학열차.

손전등불 불 밝히며 동네 골목 들어서면
동네 개들 우르르 컹컹 짖어댔고
전봇대 뒤에는 누군가 숨은 듯
무서워 뛰어서 집 앞에 이르러
"문 열어" 소리치며 안으로 뛰어든다.
우리 집 부엌에서 맛있는 냄새나고
가방을 내던지고 씻고 방에 들어서면
풀썩 주저앉아 하루해가 지난 것을
그때야 느꼈었던 하학길 우리집
책가방을 풀어서 도시락 그릇 내고
못다한 내일 숙제 통학열차 믿고 자네.
전등불을 끄고 누워 눈알만 말똥말똥

내가 학교 가던 길 지금도 생각난다.

1955년 서울의 시내버스

푸른 하늘 그 아래 인왕산 우뚝 서고
비껴서 바라보면 광화문 네 거리
그 옆에 자리 잡은 판자촌 학교
넓고 넓은 거리엔 드문드문 차가 오갔었다.
맹꽁이 같이 생긴 버스 주종을 이루고
오래된 외제차가 '관', '자', '영' 이름표를 붙이고
색깔은 파랑, 하양, 노랑이었지.

까까중 머리에 흰줄 친 까만 모자
새까만 광목 교복, 마름모 이름표.
하학길 전차역은 까만 구름 뭉게뭉게

전차의 앞뒤 문엔 새까맣게 붙었었지.
촌스러운 맹꽁이 버스 한 대만 오며는
구름 같은 학생떼가 달려가 매달린다.
딸캉 딸캉 그 소리는 책가방 속의 도시락 소리
반찬 그릇, 젓가락이 빈 도시락 속에서
춤을 춰야 간신히 탈 수 있는 맹꽁이 버스

버스문을 '툭툭' 치며 "오라이!" 소리에
지그재그 달려가며 차속으로 우겨 넣지.
버스 속의 신음 소리 구석구석 들려도
내릴 사람 없는 정거장, 또 다시 서서
승객을 호객하며 "영등포!" "영등포!"
"갑시다! 갑시다! 그만 갑시다!"
승객이 화가 나서 버스문 '탁탁' 치면
가라는 신호로 잘못 들은 운전기사
버스 차장 떼어놓고 내달리던 시내버스
웃지 못할 희극이 벌어지던 시내버스
그 시절 그때 버스 생각이 나십니까?

호랑이 띠 3대

액자에 그려진 호랑이 두 마리
누우면 언제나 마주 보고서
아버님 생각이 떠오릅니다.
낳아주고 길러주신 아버님 생각
자립정신 일깨주던 그 말 한 말씀
지금은 그 옛일을 회상하면서
아버님과 제가 함께 호랑이띠이기에
내 아들 세혁에게 전해줍니다.
할아버지 호랑이는 떠나가시고
나와 네가 호랑이띠 또한 같으니
호랑이 액자를 마주하면서

가훈에 소홀함이 없도록 하라.

家訓

1. 정직[正直]하고 성실[誠實]하게 생활하라.
2. 동기간에 우애있고 부모에 효도하며 조상을 잘 섬기라.
3. 국가와 민족을 위하여 무엇을 할 것인가를 늘 생각하고 행동하라.

잊혀지지 않는 어린 시절

흔히 옛날 이야기 하면 호랑이 담배 피우던 시절로 돌아가 이야기가 시작되는 것이 보통이다. 사실이건 거짓이건 간에 슬프거나 재미 있었고 정의가 승리로 끝나는 것이 내가 어른들에게 듣고 읽었던 옛 이야기와 동화였다.

오늘날에도 그 규칙은 변하지 않은 듯 싶다. 그러나 6.25사변이라는 전쟁을 치르고 난 후 과학의 발달과 문명의 발전은 작년, 아니 어제뿐 아니라 지난 시간도 모두 옛 이야기가 되어 다시 우리에게 돌아오게 됨은 웬일일까?

그것은 인간의 마음 속에 품고 있는 일상생활의 습성이 자연히 녹아 쌓이어 복고적 성품을 만들고 회귀하면서 괴로웠거나 즐거웠던 옛일을 회상하게 하는 듯 싶다.

나도 육십여 년이나 된 어린 시절의 옛날 이야기를 한 토막 더 듬어 본다.

1945년은 내가 초등학교에 입학한 해이고 또한 2차 대전의 종식으로 우리나라가 일본으로부터 해방이 되던 해이기도 하다.

나의 한 반 친구에는 '돌배'와 '망아지'라는 친구가 있었다. 물론 별명임에는 틀림없었고 누가 지어준 별명인 줄은 모르겠으나 환경과 성격이 대조적이어서 가끔 생각이 나곤 한다.

돌배는 귀문에 쥐젖이 있는데 크고 작은 한 개 반의 기린 뿔을 축소시켜 놓은 듯한 군살이 돋아있어 붙여진 별명이다.

그의 집은 초등학교 정문 바로 앞 7~8m의 대로를 건너면 일본의 관료가 살던 집으로 해방 후 철도공무원이던 그의 부친이 관사로 사용했었다.

그러므로 그의 가정생활은 당시로서 보통이었던 것으로 생각된다.

돌배는 학급에서 뿐 아니라 우리 학교 전체 학생 중 가장 가까운 곳에서 살고 있었기 때문에 아침 조회 종소리를 듣고 집에서 학교에 가도 되는 행운아였고 나는 하인천에서 통학을 했기 때문에 가장 먼 곳에서 다니는 처지로 나는 늘 그를 부러워했었다.

성격이 명랑하고 붙임성이 있어 2학년 때인가? 전학을 온 후부터 키가 작아 앞줄에 앉으면서도 반장인 나에게는 우호적이었으며 하학 후에는 언제나 운동장에서 함께 뛰어놀던 급우였다.

그는 자존심이 강해 별명을 부르는 것은 허락해도 어느 누구도 쥐젖을 만지면 운동장 흙바닥에 책가방을 내던지고 싸움을 하게 되는데 그것은 돌배가 이기거나 지는 것에 상관없는 돌배에 대한 도전으로 생각했기 때문이었다.

어느 날인가 망아지가 쥐젖을 만졌다는 이유로 싸움이 붙어 돌배라는 친구는 코피를 많이 흘리고 매를 많이 맞으면서도 싸웠다.

나는 돌배도 망아지도 모두 가까웠던 친구로 싸움을 말리려고 혼이 났던 기억이 있다.

그러나 선생님 앞에 끌려가면서도 끝까지 운동하다 다쳤다고 하였으며 옷에 묻은 피까지도 모두 빨아 입고 집에 가서 결국 자기 스스로 공놀이를 하다가 다쳤다고 부모에게도 알리지 않았던 친구로 스스로 자기의 일을 처리할 줄 아는 점이 돋보이는 급우였다.

나는 그를 몹시 좋아했고 남자는 자기가 한 모든 일을 스스로 남의 도움 없이 처리해야 된다는 것을 돌배를 통하여 어릴 때부터 많이 배운 듯하다.

요즘 같은 세대라면 아마 양가의 싸움은 물론 사법기관까지 왔다 갔다 했을지도 모른다.

선생님 앞에서도 나의 얼굴을 힐끗 한 번 쳐다보고 망아지가 걷어찬 공에 맞았다고 천연덕스럽게 말하던 돌배의 얼굴이 지금도 생각이 나곤 한다.

망아지는 키가 크고 준수했으며 미남형으로 내성적이면서도 이해심이 많은 친구였다. 그러나 그의 가정은 생활이 어려웠고 아버지가 말마차를 끌고 이삿짐이나 짐을 실어 나르며 생활을 했었다.

그의 별명은 학교 통학시 커다란 말이 끄는 마차를 타고 학교에 오기 때문에 아이들이 붙여준 별명으로 생각된다. 지금으로 말하면 자가용 출퇴근자였다.

망아지는 어머니가 안 계셨으며 아버지와 망아지, 그리고 말과 함께 원효로 4가 전차 종점 근방에 살았었다.

말마차 집합소가 마침 초등학교 초입 모퉁이에 자리잡고 있어 그는 집에서 아버지와 함께 울긋불긋한 헝겊으로 말갈기를 댕기로 치장하고 깨끗이 털손질을 한 말마차를 타고 오갔으며 하학 시간에도 기차 시간을 기다리는 나와는 자주 운동장에서 놀아주거나 학교 담옆 나무 그늘에서 숙제를 함께 하던 친한 친구였다.

매일 하학시에 망아지는 말마차 집합소에 가서 서있는 자기집 말을 손으로 쓰다듬어 주던 모습이 지금도 생생하다.

언제인가 나에게 자기집 말머리를 한 번 쓰다듬어 주라고 망아지가 말했다.

그러나 나는 몇 발자국 다가서면 꼬리를 치흔들고 걷는 시늉을 하며 흥흥하고 콧바람을 일으키며 소리내는 망아지네 말에 압도되어 발로 걷어 채일까봐 겁을 잔뜩 먹고 몇 번 시도했으나 결국 한 번도 쓰다듬어 보지를 못했다.

그후 나는 그를 매우 용감한 친구로 인정하여 용맹이 필요한 때에는 그를 내세우곤 하였다.

당시만 해도 4킬로미터 정도의 학교 통학은 모두 도보로 다녔고 좀 먼 곳은 전차, 그리고 기차로 다니던 시절이라 무엇을 탄다는 것은 매우 즐거운 일로 생각했다.

그렇기 때문에 경우에 따라선 기차통학을 하는 나를 무척 부러워하는 학급 친구도 있었다.

걸어가다 빈 말마차라도 만나면 마차 뒤로 살금살금 따라가 가방을 던지고 허리를 굽혀 간신히 몸이 걸치기라도 하면 그렇게 좋을 수가 없었다.

마부에 따라선 뒤에 매달린 것을 모르는 척 허락해준 이도 있고 때로는 회초리를 내리치는 바람에 나뒹구는 경우도 있었으나 좌우간 마차를 타고 편히 간다는 것은 매우 즐거웠던 기억이 난다.

그러한 말마차를 망아지 아버지가 가끔 태워줄 때면 우리 반 학생 중 망아지와 가까이 지내던 친구들은 망아지네 말마차를 길에서 만나는 것을 행운으로 생각했었다.

그러나 돌배는 말마차를 탈 이유도 없고 다른 친구들과 같이 망아지네 말마차를 타기 위해 아부할 이유도 없다보니 자연 돌배와 망아지는 사이가 점점 멀어졌다.

어느 날 하학 시에 가까운 친구들끼리 궁금증이 생겼다.

그것은 돌배의 쥐젖 속에는 뼈가 있어 부러지면 큰일난다는 편과 뼈가 없어 만지면 말랑말랑하므로 잘라버려도 괜찮다는 두 의견이 나온 것이었다.

그런데 이를 알아보려면 꼭 만져보아야 되는데 그것은 내가 돌배와 친하니까 많은 친구들 앞에서 만져보고 발표하라는 결정이었다.

나는 정말 난처했다.

돌배의 쥐젖을 만진다는 것은 곧 싸움을 의미하고 그와 나쁜 사이로 된다는 것에 나는 주저할 수밖에 없었다.

나는 돌배를 조용히 불렀다. 자초지종 설명을 하고 한 번 만져볼 것을 요청했다. 그는 "꼭 한 번만 만지는 거야."라며 승낙을 했다.

만져보니 촉감이 이상하며 부드러웠다. 그는 나에게 싸움을 요구하지도 않았다. 당시는 생활의 여유가 있어도 급한 병이 아니면 병원에 입원하여 수술을 한다는 생각은 못한 듯 싶다.

돌배와 연관된 추억은 또 하나 있다.

돌배는 담임 선생님과는 이웃에 살면서 무척 가까운 사이였다. 나의 기억에는 담임 선생님이 돌배네 이웃에 자취하고 있었던 것으로 생각된다. 나도 몇 번인가 선생님 댁으로 우리들이 미술시간에 그린 그림을 갖다 놓은 일이 있었다.

돌배는 선생님 방에 무엇이 어디에 있는 것조차도 잘 아는 급우였다.

어느 날 청소 시간에 책상 위에 의자를 올리고 교실 뒤로 끈

후 앞자리를 비로 쓸고 걸레질을 하고 다시 앞으로 책상을 끌고, 비질을 하고, 걸레로 훔치고, 다시 책상을 끌어 제자리에 놓은 후 의자를 내려놓고 줄을 맞추어 놓는데 급하게 청소를 하다 보니 의자가 책상에서 떨어져 아래층이 몹시 시끄러웠던 모양이다.

마침 청소를 마치고 술래잡기를 하며 뛰어놀고 몇 명은 편을 짜서 물걸레를 서로 던지며 맞추기 놀이를 하다 담임 선생님에게 들켜 모두 복도에 꿇어앉아 팔을 들고 벌을 서게 되었다.

마침 망아지가 선생님의 흉을 보게 되었다. 담임 선생님은 여선생님이었는 데 당시로는 몹시 비대한 편이었다.

그래서 한 말이 "꿀돼지 선생님 용서하시와요."하고 각종 동물의 우는 흉내를 내었다.

도야지, 송아지, 망아지, 병아리 등 우리는 팔을 내리고 함께 웃으며 희희낙락하였다.

물론 2층 올라오는 입구에 파수병으로 한 명을 세워 두었으나 그는 선생님이 올라오신다는 전령 역할을 제대로 못하였고 우리의 불량한 행동은 선생님에게 들키고 말았다.

선생님은 대노하셨다. 그러나 나의 통학열차 시간이 호재가 되어 우리는 무사히 풀려났으며 다시는 청소시간에 장난을 하지 않겠다는 약속을 하게 되었다.

그런데 며칠이 지난 하학 시간에 담임 선생님은 청소시간에 걸레싸움 놀이를 하여 벌을 섰던 급우들의 이름을 부르시며 양호실로 오라는 것이었다.

나는 불안했다. 모두 가방을 들고 양호실로 가면서 걱정이 태산이었다.

그런데 양호실에는 다른 선생님과 우리 담임 선생님이 계셨고 우리는 서로 먼저 들어가라고 뒷걸음질이었다.

나는 이런 때 항상 망아지밖에 없을 것이라고 생각했으나 망아지도 뒷걸음을 하고보니 할 수 없이 나를 선두로 몇몇 친구가 들어섰다.

담임 선생님은 마루바닥에 무릎을 꿇으라고 한 후 갱지를 한 장씩 나누어 주시더니 청소 후 벌을 선 것에 대한 우리의 생각을 적어내라고 하셨다.

난감하였다. 어찌 아셨을까?

나는 직감적으로 돌배가 고자질을 했을 것이라고 추측했다. 더구나 도야지 이야기는 쓸 수가 없었다. 우리는 띄엄띄엄 앉아 그 날에 있었던 각종 동물 아기들의 소리 흉내내기를 하였던 사실과 선생님께 사죄의 반성문을 썼다. 모두 내가 쓴 글과 일치하였던 모양이다. 선생님은 웃으면서 “강○○ 너는 나와 함께 가자” 하시며 우리를 돌려보냈다. 물론 돌배를 말하는 것이다.

우리는 서로 무엇이라고 써내었는지 교문을 나와 걱정 아닌 걱정을 했다. 결과적으로 도야지 이야기를 쓴 사람은 아무도 없었던 모양이다.

그 후 나는 돌배를 불러 “네가 선생님에게 고자질 한 말을 하라.”고 했을 때 그는 “담임 선생님에게 아이들을 오랫동안 손을 들고 벌을 주면 견딜 수가 없어 선생님을 싫어해요.”라고 하였단다.

선생님은 우리의 응어리도 풀어주시고 우리의 생각을 알고자 깊은 뜻에서 반성문을 쓰게 하였던 모양이다.

나는 돌배에게 의심을 품었던 잘못된 생각이 미안해 더욱더 가까이 지내게 되었다.

그때부터 나는 남의 말을 무조건 믿는 습성이 굳어졌다. 그것은 돌배로 인하여 배운 교훈인 것이다. 이것이 내가 초등학교 시절 받았던 선생님의 꾸중 중 처음이며 마지막이었다.

얼마 후 한 학기가 끝나고 담임 선생님은 양호교사로 가시고 우리의 담임 선생님은 미남 선생님이 오셨다. 초등학교의 초입에 있던 말마차 집합소도 없어지고 마차도 볼 수가 없게 되었다. 뇌염이 창궐하여 초등학교 근방에 말마차 집합소를 폐쇄하여 달라고 학교측에서 관계기관에 요청했기 때문이었다. 망아지는 매일 혼자 걸어 학교에 왔고 쓸쓸해 보였다.

오늘에 이르러 생각할 때 남을 감싸준다는 생각과 믿을 수 있다는 것은 강한 자만이 할 수 있는 장점인 것 같다. 나는 어릴적 친한 친구들과 어울리면서 이 사실을 터득할 수 있었던 것을 행운이라 생각한다.

그 후 친하게 지내던 급우들이 6학년이 되면서 각자 중학교 입시를 위해 열심히 공부를 하던 중 6.25사변으로 헤어지고 다시는 못 만나게 되었다.

이제는 이름도 얼굴도 목소리도 모두 희미할 뿐이다.

주례

내 나이 서른 일곱 살, 내깐에는 우쭐거리며 살 때 가까운 친구가 운영하는 회사에 나이 마흔 세 살 된 노총각이 같은 회사에 다니는 처녀를 사귀어 장가를 들게 되었다.

신랑의 학교 스승이나 존경스러운 선배가 있을 법도 한데 구태여 나에게 술까지 걸게 사주며 친구가 주례를 부탁하여 술 한 잔 얻어먹고 취한 김에 호기로 승낙을 하고보니 그것이 인연이 되어 이런저런 이유로 주례를 해마다 몇 번씩 거듭하여 서면서 더욱더 조심스럽고 신중하게 되었다.

육십이 넘은 오늘에 이르러 주례는 역시 신과 더불어 집례할 수 있는 특수한 예식의 하나이기 때문에 결혼 당사자의 종교와 관계있는 종교적 예식으로 치르는 것이 가장 합리적이라는 결론을 얻게 되었다.

그것은 수많은 결혼의 주례를 보면서 매번 행복한 가정이 이루어지기를 기원했던 한 쌍 중 자식을 낳고 헤어졌다는 소식을 듣고 스스로 죄를 지은 것 같은 자책감에 적잖은 충격을 받은 뒤 내린 결론이다. 당시 내 앞에 나란히 섰던 두 남녀의 얼굴이 다시금 떠오르고 나도 모르게 '그러면 안 되는 데…' 라는 말만 되풀이했다.

주례를 보게 되는 날에는 언제나 나만의 특징 아닌 특징이 있었다. 우선 몸을 깨끗이 하고 새로이 세탁을 한 옷에 새로이 타이를 사 매고 머리부터 구두까지 정갈스럽게 하고는 두 남녀의 이름을 수십 번씩 오래 전부터 불러보던 정다운 가족 같이 부르며 행복하게 잘 살기를 기원했는데….

나는 주례를 서준 후에도 단정적으로 "그 둘이 잘 살지?" 하고 혼례와 관계 있던 가족을 만나면 늘 자신만만하게 말하곤 했다. 그런데 헤어졌다는 소식에 비로소 부끄러움을 느꼈고 맑은 정신으로는 집에 들어갈 마음이 내키지 않았다.

주례의 요건에 충족되지 않는 내가 섰기 때문에 이러한 일이 벌어진 듯하여 무거운 마음을 달랠 길이 없었던 것이다.

나는 원래 혼자는 절대로 술을 마시지 않는 것이 또한 삶의 철칙이었다. 그러나 그 날만큼은 정신을 놓아버릴 만큼 취하고 싶었다.

동리 앞 입구에 있는 주점에서 늦은 시간까지 혼자 개똥철학을 하면서 인연과 결혼이라는 주제로 생각에 생각을 뇌리속에서 에스컬레이터를 타고 오르락 내리락 하면서 주점문을 닫겠다고 할 때까지 끈질기게 앉아 있다 결국 쫓겨난 뒤 더듬거리는 발자국을 한발 한발 옮기며 밤하늘을 쳐다보니 이그러진 하현달 옆에 반짝이는 샛별이 높이 떠 소리치는 데 "앞으로 결혼주례는 다시는 서지 마라", "다시는 서지 마라."라는 소리가 귓가에 맴돌았다.

나는 미친 듯이 소리쳤다.

"알았어요. 알았어. 알았다니까."

남녀의 결합과 가정의 탄생에 증인의 주체가 되는 주례는 역시 범인凡人은 어렵다는 것을 절실히 느끼는 순간이었다. 아무리 미사여구로 축복을 하여도 진실된 수양과 도를 닦은 신과 조우할 수 있는 사람이 아니라면 그 잘못됨이 주례의 잘못으로 이지경이 된 듯한 그 비탄함은 오래도록 씻겨지지 않는다.

결혼의 인연은 역시 신이 우리에게 내려준 필연적 인과이지 인간이 좌지우지 할 수 있는 것은 아니기 때문이다.

약속

아침인가 저녁인가 어두운 구름층이 이불 솜 같이 두텁게 덮여 있다. 눈을 들어 북한산 쪽 창밖을 내다보니 금방 눈이 내릴 듯이 바람에 휘날리는 가랑잎이 높이 떠올라 멀리 사라져 간다.

답답하다. 마음이 어둡다. 뒤이어 몇 잎 없던 나뭇잎이 떨어지며 뒤따라간다. 몽롱한 정신이 잠에서 막 깨인 듯….

안개 속을 걷는 듯 답답하다. 시계를 들여다보니 오후 3시 20분. 아직도 해는 중천에서 서남쪽으로 약간 기울어져야 할 시간, 시계와 해시계가 틀리는 몽롱한 현상, 방금 낮잠에서 깨어난 듯한 착각, 서재에 혼자 앉아 상념에 잠겨 있다.

나는 분명 혼자가 아니다. 방금 친구들과 신라호텔 파크 뷰에서 안심스테이크로 호화롭게 점심을 했고 여행을 다녀온 이야기로 즐거웠던 그 시간이 불과 한 시간이 채 못 되었다.

누구인가 홀로 지내는 것이 제일 어렵다고 하더니 연말이 오면서 그들이 조금씩 생각이 난다.

외롭고 쓸쓸한 사람들, 나는 늘 수신제가修身齊家 후 치국평천하治國平天下를 외치며 남에게 나로 인한 누를 끼치지 않으려 살아온 것이 생활신조였다.

그러나 공수래 공수거空手來 空手去를 외치면서도 노후에 남의 도움을 두려워하여 때로는 욕심을 갖게 된 것이 나의 솔직한 심정이다.

이제 인생의 황혼길에 들어서 더불어 살아야 된다는 점에는 확신을 하고 있으나 나의 생명줄이 어디에서 끝날 줄 몰라 엉거주춤 허리띠를 붙잡고 있다.

어디에서 왔다가 어디로 갈지 모르는 인생. 감히 신이 주신 생명의 끝인 그 시간을 누가 알 수 있단 말인가?

젊은 날의 학창시절 읽었던 오 헨리의 '마지막 잎새'와 같이 나에게 정신적 위로를 주는 저 흩어져 나르는 나뭇잎이 모두 제자리에 아름답게 나풀거릴 수는 없는 것인지?

새 봄이 오고 여름이 되면 바라던 그 희망과 같이 지난 겨울이 잊혀지겠지.

지금은 담쟁이 넝쿨이 벽에 붙어 오르다 잎이 떨어진 채 줄기만이 꼭 붙어 떨어지지 않으려 엎드려 덩굴손이 발발 떨리고 있다.

인간의 생기生氣는 약속에 있다. 계절이 바뀌고 때가 되면 새잎이 돋고 꽃이 피며 녹음이 짙어지고 열매가 맺히고 단풍이 들고 잎이 떨어지듯 사계절의 약속은 신이 우리 인간에게 한 무언의 약속이었고, 우리는 그 약속 속에서 순응하면서 지혜롭게 지구에 매달려 잘도 돌아간다.

보아라! 자연이 그러하건대 인간의 약속은 얼마나 소중한 것인지?

하등동물일수록 믿음을 갖출 수 없고 서로의 만남에 불안을 느끼나, 신의를 지킬 줄 아는 동물일수록 친근감이 생기고 가깝게 지내고 싶은 마음이 드는 것은 나만의 생각은 아닐 것이다.

헛된 소리를 하고 지키지 못할 약속을 하는 사람들에게 한마디 하고 싶다. 한 사람의 거짓 약속은 허탈감과 실망을 주고 사회 질서의 불안을 야기시킨다.

이솝의 우화에서 양치기 소년을 생각하며 한 사람 한 사람이 약속의 바로미터를 측정하면서 인간관계를 맺는다는 것도 힘든 일이요, 그 미터기가 언제 왕창 고장이 날 것인지 인간관계를 유지하면서도 늘 불안하고 초조하다면 그보다 더 불행한 관계가 또 어디 있단 말인가?

작게는 시간 약속에서부터 금전 거래에까지 이르는 모든 약속이 제발 부디 나의 주위에서 헌신짝 버리듯 하는 친지가 없기를 간절히 바라면서 어두웠던 나의 마음을 헤아려 본다.

1998년 12월
어느 날

걷기와 건강

5, 60여 년 전, 상춘객의 '봄꽃놀이' 하면 서울 근교로는 우선 창경원(현 창경궁), 효창공원, 그리고 인천의 월미도 벚꽃놀이를 잊을 수가 없다.

역시 사람은 배만 부르고는 살 수 없는 것인지, 눈요기를 위하여 만원 전차를 타고 전국 곳곳에서 꾸역꾸역 원남동 로터리와 창경원 앞까지 모여 인산인해를 이루고 싸 가지고 온 식사를 벚꽃나무 아래에서 가족들이 오순도순 돗자리를 깔고 찬합을 펼친 모습은 지금은 찾을 길이 없으나 흘러간 한 세대를 희미하게 생각나게 하는 것은 웬일일까?

손바닥 만한 나라에서 교통이 불편했던 그 시절에는 서울 구경도 쉽지 않았으나 더더욱 '밤 벚꽃놀이'란 사치였고 하루 벌어 하루 살기 힘들던 때의 일이라 그보다는 대부분의 국민이 '보릿고개' 라는 단어가 더 빨리 떠오를 것이다.

그 당시의 교통 수단은 기차와 시내의 전차가 전부이고 웬만한 거리는 도보로 힘든 줄 모르고 다녔으니 지금 생각하면 국민의 건강, 다시 말해 발 힘(하체운동)만큼은 전세계에서 우리 국민을 따라잡기가 그리 쉽지 않았으리라 짐작이 간다.

그러한 가운데 우리 국민은 문명이 발달한 서구사람보다 마라톤과 축구는 훨씬 앞선다고 어린 나도 역시 또 믿었던 것이다.

물론 교통 수단이 미진한 그때에 우리 모두는 걷는 것이 유일한 방법이었으니 자동으로 국민 체력은 신장되었을 것이란 추측 통계가 나오게 된 것이다.

어디 그 뿐이랴! 지금은 화장실의 변기도 수세식이라 걸터앉아 볼일을 보고 있지만 예전에는 모두 쪼그리고 앉아 볼일을 보았으니 어릴 때부터 습관화 하여 하체 발달에 한몫을 톡톡히 하였을 것이라는 추측은 비단 나만이 아닌 모든 사람이 수긍할 것으로 생각된다.

현재의 효창공원 또한 벚꽃이 흐드러지게 피는 봄이면 요즘의 초등학교 학생들의 소풍 놀이터로 알려져 있었다.

효창공원 입구의 금양 초등학교와 서울 사범대학의 전신인 서울 사범이 효창공원 위에 자리잡았고 전국의 각지에서 백범 김구金九 선생님 서거 이후 선생님의 묘와 더불어 이봉창李奉昌, 윤봉길尹奉吉, 백정기白貞基 등 애국지사의 묘역으로 바뀌면서 성묘차 서울역이나 용산역에서 기차를 내려 모두 도보로 찾아 참배하였으니 보통 성의로는 감히 생각조차 어려운 애국심의 발로라고 나는 가끔 생각하게 된다.

나는 당시 인천에서 서울 금양 초등학교를 1946년부터 1950년 6월 26일까지 통학생으로 다녔기에 걷기에는 자신감이 있었으며 더더욱 저학년 시절 한 반 친구들과 추운 겨울을 빼고는 벚꽃도 감상하고 버찌도 따먹으며 학우들과 숨바꼭질, 기마전 놀이 등 뛰놀며 뒹굴던 효창공원의 추억은 지금도 가끔 꿈에 나타나는 잊지 못할 장소이다.

효창공원의 벚꽃놀이는 창경원의 벚꽃놀이에는 못 미치지만 용산, 마포 지역의 주민들에게는 잊지 못할 추억의 장소였던 것이다.

나의 친구 중에 이○○은 가끔 추억의 놀이터로 창경원에서 누비고 놀던 어린 시절을 회상하곤 한다. 그 이야기를 들으면 나는 꼭 그 친구가 창경원의 주인인 상감마마나 된 듯 부럽게 쳐다보곤 한다.

당시에도 인천 월미도의 벚꽃은 창경원의 벚꽃에 뒤지지 않는 훌륭한 상춘객의 흠모 장소였다고 생각이 든다.

바다를 끼고 다리를 건너면 온통 벚꽃으로 뒤덮여 벚꽃이 지고 난 여름까지도 뱃놀이와 시원한 여름 피서지로 관광객이 끊이지 않던 모습이 지금도 눈에 선하게 떠오른다.

다리 위를 오가는 사람들로 항상 번잡하였으며 부둣가 선창에는 크고 작은 배들이 닻줄을 내리고 찝질하고 비릿한 냄새를 맡으며 내외항으로 드나들고 그 위로 갈매기들이 나는 모습은 저절로 힘이 솟구치는 삶의 현장이었다.

더더욱 만국공원에서 인천을 내려다보는 그 정경은 가깝게 작약도, 월미도, 영종도 그리고 멀리 1950년 9월 15일 맥아더 장군의 인천 상륙 작전의 본거지였던 팔미도까지 보이는 인천의 전망대 역할을 하는 망루인 것이다.

나는 6.25사변을 인천에서 당했고 1951년 1.4 후퇴 때까지 인천에서 거주하며 상륙 작전에 따른 폭격과 전투의 고통을 6개월에 걸쳐 인천의 하늘 아래에서 눈비를 맞으며 그때까지 살았었다.

이십여 년이 지난 어느 날 문득 인천의 월미도가 생각이 나 찾아가 보니 예전의 월미도는 간 곳이 없고 산은 군데군데 파 헤쳐져 있었다.

이제 칠십이 다된 노인이 먼 하늘을 바라보며 아름다웠던 창경원, 효창공원, 그리고 인천의 월미도를 머릿속에 그려보고 문명의 발달과 국민의 기초체력이 반비례함을 느끼며 걸어다니면서 확인하던 그때를 회상해본다.

몇 사람만 모여도 주차난을 걱정하고 하루의 시작에서 침상에 들 때까지 몇 보를 걷는가를 생각하게 하는 이때에, 도시나 농촌이나 자동차의 공해로 체력은 물론 배기가스로 인한 심폐장애를 얻고 있다. 국민의 건강이 양적인 발전은 크게 향상하였으나 질적인 발전을 후퇴시키고 있음은 심히 근심스러운 점이라 아니할 수 없다.

적어도 성장기의 초, 중, 고 학생시절까지는 등하교 길에 건강을 위해서라도 '자가용 타지 않기' 운동을 실천하는 스스로의 모범을 보임은 어떠할지?

그것은 청소년들의 건강은 물론 국민 체력 향상에도 크나큰 보탬이 된다고 확신하기 때문에 이제부터라도 늦기 전에 빨리 실행하여야 된다고 주장하는 바이다.

이제 상춘의 계절을 맞아 관광버스나 자가용, 자동차로 놀이를 떠남도 좋겠으나 학교나 자기가 생활하는 집 주위를 가볍게 걸어서 고장과 자연을 익힘은 더욱더 보람된 일이라 생각되어 옛일을 회상하며 지금의 청소년들에게 권유하는 바다.

사람이 호랑이에게서 배울 점

모든 동물이 다 특징이 있지만 동양에서 12지에 나오는 동물 중 웬일인지 호랑이는 호감이 가는 동물이다.

생김새와 그 특징을 보면 매서운 눈초리와 쫑긋한 두 귀는 사고력을 나타내고 날카로운 발톱과 이빨은 정확한 실천력, 그리고 위엄있는 콧수염은 자신의 기풍, 얼룩한 털빛은 고귀한 자태, 얼룩진 긴 꼬리를 흔들면서 여유만만하게 깊은 생각을 하고 급한 듯 하면서도 신중한 태도로 정확한 판단을 하며 오직 생존을 위해서만 살생을 하면서 드넓은 숲속을 누비고 살아왔다.

영특한 짐승이라 사람과는 언제나 간격을 두고 스스로 생존할 줄 알았으며 하룻밤에도 수백 리의 거리를 이동하면서 흔적을 잘 남기지 않는 것으로 알려져 우리의 조상님들은 그를 가리켜

산신령으로까지 추앙했었다.

어릴 적부터 어미는 자립 정신을 투철하게 길렀고 교육과 성장의 시간이 지나면 사정없이 냉철하게 내친 것을 볼 때 이 또한 이 지구에서 살아남기 위한 생존경쟁이 아니던가?

오늘을 사는 우리가 어떠한 가치기준도 없이 자식에 대한 막연한 사랑을 쏟는 것보다 호랑이에게서 우리네들이 배워야 될 점이라고 나는 생각해본다.

과잉보호와 자립정신의 부재는 나태한 인간을 만들 뿐만 아니라 나아가 삶의 의미를 상실하게 하는 것으로 극단적인 예로 자식과 함께 눈감고 깊은 바다 속으로 빠져 들어가는 것에 비견할 것이다.

물론 스스로 생존할 수 없는 미성년 시대를 두고 하는 말은 아니다. 모든 동물이 다 그러하듯이 자식을 사랑하되 맹목적이 되어서는 안 된다는 뜻이다.

인간도 올바른 사고력을 길러주기 위하여 교육을 시키는 것이고 사랑을 하되 깊은 속뜻이 없는 "오냐, 오냐"식의 사랑은 결코 한 인간을 곧고 올바르게 성장시키지 못함으로써 그 피해가 본인은 물론 사회 전체에 이른다는 것을 말하고 싶을 뿐이다.

요즈음 학생들에게 선생님의 체벌에 대하여 많은 교육자와 어른들이 근심어린 찬반의 의견이 분분한데 타이르고 가르쳐 보지도 않고 체벌부터 한다는 것은 선생님과 학생들 사이 또는 인간과 인간관계의 단절과 미움만이 남게 될 뿐이다.

어른은 먼저 타이르고 옳고 그름의 판단척도를 제시하여 가르치고 그렇게 노력하고도 교육의 목적을 이루지 못할 때 차선의 방법이 곧 체벌이라 생각된다.

체벌 또한 동료들 간에 수치감을 주지 않게 함은 물론 인체에 상처를 주어서는 안 된다는 것을 강조하고 싶다.

너 죽고 나 살자는 식으로 개 패듯 두드려 패거나 어린 제자들에게 권투선수의 샌드백 치듯 하여서는 더욱 안 된다는 말이다.

예전의 선인들이나 부모 스승이 자식이나 제자의 옳은 선도를 위하여 스스로 종아리를 걷고 매를 쳐서 옳게 가르치지 못한 아픔을 스스로 깨닫는 것도 교육의 좋은 방법이었다고 생각된다.

호랑이와 같이 스스로 강인하게 생을 개척할 수 있는 힘을 길러주어 어린 학생들에게 우리 어른들이 좀더 인내력으로 훌륭한 정신적 성장을 시킨 후 내쳐야 된다고 생각된다.

어린 청소년은 성장 시기에 해당되므로 먼저 보살펴 주고 옳고 그릇됨을 가르쳐 주어야 되기 때문이다.

사랑의 교육만이 우리 미래의 후손들에게 이웃과 더불어 행복을 추구하며 살 수 있는 국가발전의 원동력이 되기 때문이다.

삶과 시간

삶이란 무엇인가? 간단히 대답할 수 없는 난제임에는 틀림없으나 철학적인 의미를 제외한 가장 간단한 대답을 요구한다면 나는 모든 생물이 이 세상에 씨알로 떨어져 시간이란 배를 타고 흘러 흘러 마지막 종착점인 죽음에 이르는 기간을 말한다고 표현할 것이다.

그 기간을 우리는 좀더 편리하게 자연의 조화에 대비하여 세분되게 나누어 놓은 것이 시간이 아닌가 생각된다.

그러므로 삶에 있어 시간이란 매우 중요한 것으로 인간은 세상에 태어날 때부터 시간을 따지고 삶과 호구지책糊口之策에 따른 생산이 시의時宜가 정해져 있기 때문에 그런 것이 아닌가 생각된다.

시간이란 수의 개념에서부터 발생한 것으로 인간이 오늘날에 이르러 이만큼 과학의 발전에 발전을 거듭하게 된 것도 모두 수의 개념에 투철한 덕이다. 인간의 파멸에 엄지손가락을 차지하는 욕심 또한 수의 개념에 도가 지나치거나 모자람에서 비롯되는 것으로 나는 생각해보곤 한다.

그렇기 때문에 삶은 짧거나 길거나 그 기간에 차이가 있을 뿐 생과 사는 필연적 요소인 것이다.

인간은 이 세상에 나면서부터 혼자는 살 수 없기 때문에 같은 종족끼리 많은 약속을 하는 데 언어, 문자, 시간 등 삶을 영위하는 동안 편리한 생활을 위한 수많은 부호와 단위들을 약속하고 배우며 익히기 위하여 교육이란 특수한 기간을 걸쳐 완성된 개체의 삶을 살게 된다.

이러저러한 약속은 모두 개체의 삶이 편리하고 발전적이며 다수의 사람들에게 이익이 되게 하여야 함을 목적으로 우리 모두의 바람이라 생각된다.

태양계의 한 떠돌이별에 지나지 않는 지구에 태어난 인간은 이 세상에 태어나 지구의 자전과 공전을 되풀이하는 똑같은 그날 그날을 살다 생을 마치는 단순한 삶을 본초자오선本初子午線이란 가상적 표준시를 정하고 가장 많이 쓰이는 시간의 단위를 정하여 년年, 월月, 일日, 시時, 분分, 초秒 등을 사용함으로써 비로소 우리는 과거, 현재, 미래에 대한 뚜렷한 한계가 그어지고 어제가 오늘이 아니라는 논리적 증거로 규칙적이고 약속된 생활을 할 수 있게 된 것이다.

근대 과학문명이 발달된 현재에 이르러서도 우리는 인생을 100살의 평균 삶을 누리지 못하지만 우리에게 가장 익숙해져 있는 하루를 단위로 할 때 100살을 산다고 하여도 36,525일이 되고 그 중 삼분의 일인 휴면시간을 제외한다면 24,350일로 인생의 흐름이 덧없음을 느끼게 한다.

그렇다면 100세의 삶을 누린다고 할 때 순수한 우리 삶은 66.712328년을 움직이며 생활한다고 할진대 누군가 말했던 것같이 모든 생물이 이 세상에 태어나면서 이미 무덤 속에 들어가 있고 오직 죽음에 이르러 흙을 너의 몸에 덮는 요식행위에 지나지 않는다고 한 말이 문득 생각나곤 한다. 그렇다면 인생과 무덤의 함수는 나이 ÷수명이라는 공식이 성립됨을 알 수 있다.

문제는 수명이라는 각자의 운명적인 신의 고유비밀을 알 수 없다는 데 있고 보면 모든 사람이 큰소리 칠 것도, 기어들어갈 것도 없다는 답이 나오게 되는 것이 아닌가?

자기가 현재 무덤 속에 몇 cm가 묻혀져 있느냐 하는 해답은 인생과 무덤의 함수라는 공식에 대입시켜 보면 자연히 알 수 있는 답이 나오게 마련이기 때문이다.

나는 운명적으로 어릴 때부터 초등교육이나 고등교육을 받는 기간에도 주거지와 교육기관의 거리가 멀어 늘 통학을 하게 되다보니 자연 혼자 열차를 기다리는 시간을 많이 갖게 되었고 그럴 때마다 기다리며 수많은 학생 중에 내가 왜 통학을 해야만 되는가를 생각하곤 하였다.

그러고 보니 홀로 '가족과 나', '급우와 나', '친지와 나'의 관계 등 인과관계를 생각에 생각을 많이 했던 기억이 난다. 나는 체계가 뚜렷하지 못한 나만의 개똥철학을 즐기곤 했다.

4대 성인이라고 하는 소크라테스, 고타마시다르타, 공자, 예수 같은 분들은 인생을 길게 한줄거리로 보았으며 범인이나 졸장부에 이를수록 시간의 개념을 짧게 짧게 끊어 분초에 급급하게 살다가는 것을 볼 때 생각하고 기다림은 조급함보다 넉넉함에 있다는 생각이 든다.

삶이란 묘한 것, 시간과 공간과 거리의 삼차원적 차이에 따라 전혀 다른 생활환경을 만들 수 있다는 것은 누구나 생각해보면 나의 뜻에 공감할 것으로 생각된다.

그렇기 때문에 우리는 종종 운명이란 없다, 개척하고 스스로 바꿀 수 있다고 할 수 있는 것이 아닌지 생각해 보곤 한다.

그러나 원인이라는 가장 중요한 요소가 바뀌지 않는 한 물론 변화는 있어도 나는 절대적 가치는 변함이 없다고 스스로 생각하기 때문에 종교에 관계없이 성직자를 만나면 우러러보고 그가 무엇을 생각하고 있을까? 늘 궁금하다.

그 원인은 '어찌하여 나는 우리 아버지와 어머니의 셋째 아들로 태어났을까?' 로부터 배우자를 만나게 된 원인, 아들 · 딸을 갖게 된 원인 등 인과관계로부터 시간의 흐름

과 거주지의 이동을 여러 방향으로 대입시켰을 때의 수많은 허수의 답이 나오게 되는데 그런 것을 망상이라고 하는 걸까?

법대로가 판치는 요즘 세상, 그보다는 도덕과 윤리가 앞서는 세상은 있을 수가 없을까? 그렇다면 우리는 현재 춘추전국시대春秋戰國時代의 제자백가시대諸子百家時代보다 훨씬 뒤떨어진 인면수심人面獸心의 세상을 살고 있다는 말이다.

도덕과 윤리로 막을 수 없는 행위를 성문화成文化 시킨 것이 곧 법이라고 할진대 인생과 무덤의 함수를 생각하고, 법대로의 생활은 차선은 될 수 있어도 최선은 아니라고 각자가 생각할 때 좀더 삶과 시간을 우리 모두는 윤택하게 이용할 줄 아는 삶이 될 것이다.

삶에 있어 시간이란 배를 타고 흘러가는 우리의 길, 잔잔한 물결을 가다가도 여울과 파도를 만날 수도 있다. 가냘픈 새끼줄 같은 인생 누구나 한뼘 한뼘 새끼줄을 꼬다보면 자기가 꼰 새끼줄에 묶여 삶을 마치고 삶과 시간을 영영 돌이켜 볼 수 없을 듯 싶어 방 한구석에 놓인 책상에 조용히 앉아 생각에 생각을 더해 본다.

물자가 부족하던 시대의 생활

인간의 삶은 전후 세대가 서로 바통을 주고 받으며 발전을 하는 것. 증기기관차가 끄는 열차를 타고 여행하던 시대에서 자가용 · 자동차는 물론 비행기, 여객선 그리고 디이젤 및 전기차로 운행하는 차를 이용하게 되니 쾌적하고 신속한 편리함에 길들여져 그리 먼 옛날도 아닌 지난날들의 어렵던 때를 잊게 되었다.

1940년~1950년대의 우리나라 교통기관의 대표격인 기차는 증기 기관차가 석탄을 동력 자원으로 증기 터어빈을 이용하던 교통수단이라, 지금 생각하면 자원이용의 수고가 큰 반면 그 효능은 절대적 최고치를 이루지 못했던 듯 싶다.

그러나 당시의 생활환경과 경제적 기반을 살펴보면 그나마 증기기관차가 끄는 열차로 여행을 하는 것도 사치스러운 생활수준이었던 시대였다.

증기기관차가 끄는 열차로 여행을 하고 나면 온몸이 새까맣게 되고 입었던 의복이 매연으로 냄새가 나면서 눈은 반짝이고 콧구멍은 시커멓던 때 40~50킬로미터의 거리, 즉 당시의 거리단위로 백 리 정도는 걷던 그때를 회상해본다.

당시의 학생들 도시락 그릇은 놋주발이나 사발에 밥을 담고 종지에 반찬을 넣어 다니는 사람이 많았고 책가방을 가지고 다니는 사람은 손가락을 꼽을 수 있을 정도의 아주 적은 학생일 뿐, 대부분의 학생들은 보자기에 책을 둘둘 말아 어깨에 대각선으로 매거나 허리에 감고 다녔다.

그러나 고학년 학생일수록 의젓함을 보이기 위하여 책을 보자기에 잘 싸서 옆구리에 끼고 다녔다.

물론 신발은 검정 고무신, 그리고 간혹 운동화를 신은 사람도 있으나 꼭 맞는 신발을 신은 사람은 적고 대부분 큰 운동화를 신고 끈으로 발등을 묶어 신발이 벗겨지지 않게 하고 그래도 운동화를 신었다고 뽐내던 때의 이야기다.

광복 후 학용품인 연필, 노트, 크레용 등은 언급하기조차 민망할 따름이다.

그러나 그것조차도 절약의 정신으로 노트는 표지의 뒷면까지, 연필은 붓뚜껑 같은 깍지를 끼워 쓸 수 있을 때까지 사용하였으며 지우개는 타이어 조각으로 쓰던 시대였다.

머리는 까까머리였고 그것도 간혹 어린 학생은 가위로 쥐가 뜯어먹은 듯 깎고 왔으나 머리카락이 자라면 더벅머리로 길고 짧음이 잘 나타나지 않았다.

의복은 주로 겨울에는 목화솜을 두툼하게 둔 무명옷을, 여름에는 삼베와 모시, 그리고 귀한 사람이나 부자가 입던 명주가 있었으며, 개털 조끼에 토끼털 토시와 귀마개로 추위를 막았으며 너덜너덜 헤어진 곳을 헝겊조각을 대고 꿰맨 옷을 입고 한겨울을 넘겼다.

그러고보니 문화생활은 고사하고 인간생활의 기초가 되는 의식주조차도 물자의 부족으로 대용, 절약, 근검으로 근근히 생활을 하였다.

세탁 비누의 대용으로는 볏짚을 불에 태운 재를 물에 담가 우러나온 잿물로 희게 세탁을 했으며 빨래비누라고 하는 것은 등겨에 우지 대용으로 정어리 기름과 양잿물이라고 하는 수산화칼륨을 넣어 고체화시킨 세탁 비누였으니 빨래를 하고 나면 오늘날에 비하여 깔끔하지도 못했으며 그 시대에 살았던 우리 할머니, 어머니들에게 지금 생각하면 죄송한 마음을 금할 길이 없다.

식생활은 식물성인 채식을 주로 하였고 동물성인 고기는 지금과 같이 상식은 할 수 없었다. 정초나 추석, 그리고 가족의 생일 등 연간 몇 번밖에 먹을 수 없었던 때라 우리나라 사람은 서양인보다 창자가 더 길다는 말까지 나돌 정도였다.

그런데 오늘을 사는 우리는 못 먹은 동물성 식품의 한풀이라도 하려는지 육류의 과다 소비를 볼 때 지나간 옛 세월이 생각나곤 한다.

두세 번 삶은 보리밥과 죽도 제대로 먹지 못하던 보릿고개라는 단어가 해마다 떠돌던 시절, 봄이면 새로이 물이 오르는 소나무 껍질을 벗기어 속물을 빨아 먹었으며, 술찌꺼기를 퍼먹고 학교에 온 초등학생이 교실에서 술에 취하여 비틀거렸다는 보도도 있었으니 얼마나 배가 고팠던 시대였는가?

봄에는 산이 그리웠고 여름, 가을이면 들이 고마웠으며 우리의 양식을 반이나 공급하던 산채야말로 우리 국민을 산골에 살게 한 원인이 되었던 것은 아닌지?

개구리 올챙이 적 생각을 못한다는 말이 오늘을 사는 우리에게 꼭 들어맞는 속담인 듯 싶다.

못 먹어 부황은 들었을망정 배우고자 하는 욕망과 패기는 만만치 않았으며 양반은 곁불을 쬐지 않는다는 말이 있듯이 할 일과 해서는 안 되는 일을 구분할 줄 아는 삶, 다시 말해 체면이 무엇인지 알았고 남에게 피해를 주는 일은 절대로 해서는 안 된다는 생각으로 살아왔다.

다시 말해 의식의 생활은 궁핍하였으나 인간의 삶에 대한 기본 정신은 흐트러짐이 없었다고 생각된다. 서민들의 농촌주거생활을 보면 초가 지붕에 황토흙으로 벽을 바르고 구들을 놓은 흙바닥에 장판을 하거나 벽지를 바른 집도 있었으나 산촌에는 묵은 신문지로 벽지를 바르거나 그나마도 없어 흙벽에 방바닥은 멍석으로 깔은 방에서 생활을 하였으니 천장(보꾹)이 있을리 만무하다.

방바닥에 깔은 멍석에 누워 보꾹(천장)을 올려다보면 부엌에서 들어온 갈잎을 땐 연기에 그슬려 새까맣게 칠을 한 듯한 서까래가 보였고, 거미줄엔 그을음이 붙어 가난에 쪼들린 민초들의 한숨과 고민을 매달아 놓은 듯 길게 늘어져 있었으니….

더욱이나 요즈음 청소년들이 뒷간에 들어서면 기절할 판이다. 뒷간 입구에는 어느 집이나 깨어진 독을 때워 천연비료인 오줌을 받는 통이 있었고 북부지방과 남부지방은 위치에 따라 뒷간의 구조에 차이가 있었다.

북부지방은 잿간 속에 볼일을 볼 때 걸터앉는 주춧돌을 두 개 놓아 볼일을 보았으며, 볼일을 마친 후 변에 인절미 콩고물 묻히듯 재를 발라 차곡차곡 뒷간에 쌓아두었다가 봄, 가을로 농사의 시기를 맞추어 밭에 뿌리고 함께 쟁기질을 하여 농사를 지었으니 우스갯 소리로 아랫배가 아파 뒷간에 가고 싶어도 자기 집에서 먹은 음식물의 배설물인 천연비료를 생각해서 아무 곳이나 배설하지 못했다는 어른들의 이야기가 헛되이 들리지 않으니 그것이 검약정신이 아니겠는가?

남부지방은 기후의 탓인지 뒷간에는 독이나 통을 묻어 널빤지나 통나무를 양 옆으로 두세 개씩 묶어 발판을 만들고 걸터앉아 볼일을 보는 뒷간이 보편적이었다. 그것은 가을에 벼농사를 마치고 이모작으로 보리 파종을 한 후 웃거름을 줄 때 국물이 있어야 추비를 하기에 편리하지 않았을까 생각이 든다.

그러한 형편에 뒤지(휴지) 이야기를 하면 콧등이 시큰해진다. 웃어야 될지…. 물론 물자가 부족하던 시대라 그러하지만 페신

문지나 고서를 잘게 썰어 뒷간 앞에 걸어놓고 사용하는 집은 그래도 형편이 나은 편이고 볏짚이나 보리짚을 처녀머리 댕기따듯 길게 따서 볼일을 본 후 사타구니에 끼고 앞뒤로 왔다갔다 쓱쓱 문지르고 그나마도 여러 개 만든 집은 부지런한 집. 그 볏짚 댕기를 물이 흐르는 도랑에 돌로 눌러 놓아 팥 덩어리 같은 변이 말라붙은 것을 떼어내고 방망이로 자근자근 때려 휘휘 씻은 후 흙벽담 위에서 말린 후 다시 뒷간에 내다 걸어 쓰는 집도 보았다. 여름에는 호박잎이나 콩잎을 뒤지 대용품으로 쓰기도 했다.

지금 생각하면 비위생적이기는 하지만 환경오염 측면에서는 오늘날의 우리 생활보다 훨씬 앞선 것이 아닌지?

북부지방의 오줌과 변을 분리 수거한 것이나 남부지방의 단일 수거 및 분리 수거는 모두 목적과 사용방법에 따라 달랐던 것 같다.

당시 이른 새벽길에 분뇨수거용 우마차나 또는 근검한 사람들이 분뇨통을 메고 추운 겨울 교외에서 도시로 들어와 무료로 분뇨 수거를 해주고 뒷간까지 깨끗이 물로 청소해주는 사람에게만 수거해 갈 수 있도록 뒷간 주인이 허락해주던 것을 생각하면 시대의 변천을 금방 읽을 수 있을 것이다.

지난 날 우리가 살아온 부끄러운 사실을 다시 한 번 되씹어 보면 자랑도 아니고 생각하고 싶지도 않으나 낭비와 사치가 극에 도달한 오늘날에 '나'라는 사람이 시대의 흐름에 따라 조상이 있었기에 그들에게서 바통을 받아 내가 현존한다는 엄연한 사실을 일깨워주고자 생각조차 싫은 글을 쓰게 된 것이다.

흔히 부모 잘 두어 호강을 한다고 하는 말을 하는가 하면 부모를 잘못 만나 고생을 한다고 한다. 우리의 선인들이 고생하고 우리를 가르치고 근검하고 절약하며 노력하였기에 오늘날에 우리가 이만치라도 이룬 것이 아닌지?

그렇다면 근검하고 절약하는 생활습관은 우리 국민과 국가가 다시 한 번 도약할 수 있는 모토라고 생각된다.

매일 같이 배달되는 신문지 속에서 겹겹이 쏟아져 들어오는 광고지를 볼 때 희고 매끈한 인쇄 안 된 한 면의 아트용지가 아까움은 나만의 생각이 아닐 것이다.

부모를 잘못 만나 고생하는 것이 아니라 이제부터라도 각자가 지나온 선인들이 살아온 삶의 정신과 경험을 토대로 시작한다면 비록 현재는 어려운 생활을 해도 본인은 물론 다음 세대에게 바통을 넘겨줄 때는 푸짐한 보따리를 줄 수 있다는 것이 우리 조상에게서 배운 바로 자유 민주주의의 장점이 아니겠는가?

각자의 장점과 소질을 바탕으로 세계에서 앞서는 민족이 되기 위하여 허리띠를 졸라맬 때가 바로 지금인 것이다.

그런데 나는 가끔 우리가 이렇게 살아도 되는 것인가를 생각하게 된다. 남이 싫어하는 것조차도 느끼지 못하는 무감각증, 후안무치환자, 나만의 잇속을 차지하려는, 도덕과 윤리는 전연 모르는 물 건너간 금수같은 사람들이 TV 화면에 어른거리고 신문에 매일매일 도배를 한다.

그렇기도 하다. 법도 무서워하지 않는 사람들이 무슨 도덕과 윤리를 논하겠는가? 입법기관만 바쁘게 만들 뿐이지!

누가 뭐래도 우리의 선인들은 근검하고 절약으로 지금까지 버티어 살아왔다.

이런 운동, 저런 운동이 많이 있어왔지만 근래에 박수를 보낼 수 있는 본보기를 나는 모 농군학교의 교육정신에서 읽을 수 있었다. 자급자족의 정신으로부터 절약과 근검의 생활 중 한 예로 "세수 비누를 두세 번만 문질러 사용하자.", "휴지는 일곱 칸 이상 사용하지 말자." 등 교육의 뜻은 물자를 절약하여 부강한 국가를 만드는 초석이 되어 자손대대로 잘 살아보자는 숭고한 뜻이 숨어있어 마음속으로 깊은 감동을 받았고 그 뜻에 전적으로 동의하는 바이다.

그렇다고 1940년 ~50년대로 되돌아가자는 뜻은 아니요, 옛것에 대한, 가난했던 생활의 향수는 더더욱 아니다. 무턱대고 물자를 절약하자는 것도 아니다. 쓸 것은 쓰되 넘치게 낭비하는 그릇된 습관을 고쳐보자는 것이다.

무엇이든 시작하기 전에 생각하는 사람이 되어 후회하는 일이 없도록 하자는 뜻에서 일자 적어본다.

혼인과 혼수

모든 생물이 다 그러하겠지만 인간이 이 세상에 태어남과 같이 큰 인연은 없는 것 같다.

그렇다면 거슬러 생각할 때 부모의 인연으로 자식이 태어남은 누구도 부인 못할 사실이다.

인간은 이 세상에 태어나면서부터 삶의 인연이 시작되기 때문이다.

연약한 풀잎 끝에 맺힌 이슬방울과 같이 태어난 한 개체의 인간은 비로소 부모형제와 자매를 갖게 되고 친척과 이웃, 그리고 더불어 한 시대에 삶을 함께 누리며 이 지구상에 영원한 삶의 증표로 종족번식의 의무를 지고 각기 다른 남녀가 만남을 갖게 되는 것은 모든 고등생물의 자연적인 신의 섭리이며 이 또한 자연의 법칙이 아닌가 생각된다.

그렇기 때문에 인연 중 가장 큰 인연이 혼인이라고 생각된다.

이 세상에 생존하고 있는 수많은 생물은 단순히 건강한 암수의 만남에서 자손을 얻고자 하였으나 발달된 고등동물일수록 건강 이외에 미모와 사고력 등 그 사회의 생존경쟁에 필요한 요건을 한 가지라도 더 갖춘 남녀를 각각 선택하려 노력함은 생물진화에 따른 생의 경쟁이며 영원한 삶의 목적인 종족번식에 궁극적인 목표가 있다고 하지 않겠는가?

그렇다면 만물의 영장이라고 자칭하는 인간의 인연에 그 시초가 되는 남녀의 결합은 어떠하여야 할까?

물론 이러저러한 바람직한 자손을 얻고자 미리 생각하고 배우자를 구하는 사람은 거의 없을 것이다

그러나 각기 태어남과 성장과정, 그리고 사회와 가정환경 등 서로 다른 생활조건으로 생각과 습성이 각기 다른 남녀가 흔히 원시적 남녀의 만남과 같이 단순한 '사랑'만을 조건으로 하는 만남은 위험한 불장난이라고 하겠지만 그래도 상호 인내와 이해심만 있다면 문제가 되지 않을 것이다.

언젠가는 오랜 세월을 두고 점차적으로 같은 환경에서 같은 음식을 섭취하고 생활하기 때문에 두 남녀의 성격이나 습성 그리고 모습까지도 남매와 같이 꼭 닮은 부부를 만들고 화목한 가정을 만들어 노년에 행복하게 생을 영위할 수 있다고 확신한다.

그러나 인내와 이해심이 없는 개인주의적 이기심이 많은 남녀일수록 많은 생각을 하고 배우자를 선택할 것을 권유하고 싶다.

그것은 남녀의 결혼은 시장에서 물건을 사고 마음에 안 든다고 바꿀 수 있는 성질의 것도 아니요, 또한 함께 함이 괴롭다고 쉽게 박차고 뛰쳐나와 잊을 수 있는 것도 아니다.

더욱이나 남녀의 사이에서 자식이라도 생긴 다음에 가정파탄이 나면 본인은 물론 자손에게도 크나큰 상처를 남기는 죄악을 만드는 것이기 때문이다.

그 뿐이랴! 그것을 지켜본 가족과 친지의 마음 또한 얼마나 큰 상처를 주었겠는가?

인생은 꼭 나만을 위한 삶은 아니다. 인간은 사회적인 동물이기 때문에 태어나면서 도움을 받고 도움을 주면서 살아갈 수밖에 없다. 따라서 남에게 고통을 주는 행동은 자제할 수 있도록 길들여지고 스스로 잘 지켜나갈 때 그 혜택이 각자에게 인간으로 태어난 보람을 느끼게 하며 인생을 즐길 수 있게 되기 때문이 아닌지!

그렇다면 무엇보다 본인과 인연을 뗄 수 없는 가장 가까운 것은 부모와 자식일진대 본인의 잘못된 선택으로 자식에게 평생을 마음적 고통을 주는 부모의 이혼은 어떠하겠는가?

많은 사람이 결혼 후 부부가 이혼을 생각했다가도 자식의 고통을 염두에 두고 이혼을 포기하는 사람을 볼 때면 그 또한 사려 깊은 행동이라고 생각한다.

남녀의 결혼은 인간으로서 한 개체의 시발점이기 때문에 인연의 잉태라고 할 수 있다.

결혼에 있어 남녀의 만남은 여러 가지 많은 이야기가 전해오고 있다.

그러나 나는 그 중 서양의 철학자 플라톤의 인간원형론人間圓形論을 항상 의미있다고 생각해왔다.

원래 서양의 철학자 플라톤의 인간원형론을 보면 태초에 인간은 원통같이 생긴 몸체에 눈, 귀, 팔, 다리가 각각 4개씩이고 코, 입이 각각 2개씩으로 사면팔방으로 보고 듣고 만지며 뛸 수 있고 두 사람의 지혜를 합친 것만큼이나 머리가 영리하여 해결 못할 일이 없을 만큼 만능의 인간이었는데 그 지혜를 이롭게 쓰지 못하고 이해 타산적인 인간이 되었음을 신은 크게 후회하고 이를 깨닫게 하고자 반쪽으로 똑같이 나누어 세상에 태어나게 하였으니 우리의 몸체 뒷면을 보면 평편하고 가슴 쪽이 둥근 것을 볼 때마다 그럴 듯한 논리라고 생각하게 한다.

물론 이 세상에 태어난 각각의 남녀는 각기 다른 환경의 가정에서 성장과정을 거쳐 일정한 연령에 도달하여 본인의 원래 짝을 찾아 헤매이다 만나게 되면 결합하게 되는 데 이러한 인연의 결합을 혼인이라 한다.

부모의 인연으로 태어나 성장 과정을 거쳐 비로소 나와 배우자의 인연으로 새 생명의 자식을 얻게 되면 책임의 막중함을 느끼게 되므로 선인들이 장가들고 시집가면 철이 든다고 한 말의 뜻은 결혼이 인생에 책임있는 행동을 요구하는 시점임을 강조

한 것으로 풀이된다.

플라톤의 인간원형론을 보면 남녀의 결합은 첫째 생활의 편리함이요, 둘째 지혜로운 사회생활을 꼽을 수 있어 만능의 인간이 될 수 있음을 지적했다.

따라서 인간에게 결혼이란 필연적 가치가 있다고 생각된다.

그런데 신은 인간이 지혜를 이롭게 쓰지 못한다는 첫째 이유와 이해 타산적인 행동에 대하여 크게 노하고 남녀로 구분하여 놓았다고 한다.

이는 요즘말로 믿거나 말거나 참으로 흥미로운 이야기가 될 수 있다고 생각한다. 물론 남녀의 결혼은 엄격히 따져 각자 필요한 요건에 따라 이루어짐은 부인 못할 사실이다.

혼인과 인연이 이러할진대 한 가정을 꾸미는 과정에서 혼수로 인한 다툼이 벌어지고 그로 인한 결혼이 파탄으로 가는 것을 신문이나 TV 방송을 통하여 종종 볼 때면 동서고금을 통틀어 문명의 발전과는 상관없이 인간의 이해 타산적인 행동, 그리고 지혜롭지 못한 처신에 대하여 깊은 생각과 반성을 하게 한다.

이는 인연에 따른 배우자의 선택이 아니라 혼수의 선택에 뜻을 두었기 때문이다.

결혼이란 엄격히 따져 한 사람의 새 출발인 것이다. 부모의 몸에서 출생함이 제 1의 탄생이라면 결혼은 제 2의 탄생인데 원래 출생이나 탄생이란 아무 것도 없는 무에서 시작하여 유를 만드는 시초가 될진대 어찌 많은 혼수 물자를 요구한단 말인가?

물론 본인들의 노력으로 결혼 준비 기간에 혼수를 준비하여 마련한 살림살이를 말하는 것은 아니다.

낳아주고 가르치고 길러주신 부모의 애틋한 정을 담보로 많은 혼수와 재물을 결혼하면서 부모에게 요구하는 청춘남녀가 있다면 그는 이 세상을 올곧게 살아갈 수 없는 자립정신이 부족한 시대에 뒤떨어진 사람일 것이다.

삶의 기쁨은 인연으로 맺어진 남녀가 결합된 시점에서 최대의 힘에 역량을 창출하고 한 가지씩 살림살이를 장만하며 늘려가는 생활이 곧 결혼의 의의와 참 재미를 맛보는 것이 아닌지?

진실한 행복은 노력하고 절약하면서 얻어질 때 느껴지는 성취감이다. 달리기를 할 때 낮은 목표를 두고 힘껏 한발 한발 뛰기 시작하여 작은 목표를 정하여 달릴 때 맛보는 것이다. 100m 달리기에서 남들은 출발점에서 뛰기 시작하는 데 혼자 50 또는 60m 앞에서 출발하면서 현재 100m 달리기에 일등 주자라고 진실된 만족감과 행복감을 맛볼 수 있겠는가? 또한 그가 언제나 꼭 일등을 하라는 법은 있는가?

결혼은 인연에 의한 남녀의 정신과 육체의 결합이지 혼수에 따른 물질 또는 재화에 좌우되는 상업적 결합은 진정한 의미의 결혼이라 할 수 없다.

최소한의 생활을 할 수 있는 취사도구와 갈아입을 수 있는 몇 벌의 옷과 이용하던 일상생활용품, 그리고 최소면적의 거주지만 준비되면 되는 것이 아닌지?

고가의 보석류와 그리고 많은 의복, 가전제품을 비롯한 소파, 침대, 피아노 등 하루같이 문명의 생활도구와 의류가 편리함과

유행에 민감하게 변천하는 시대에 누울 곳도 비좁은 곳에 쌓아 놓고 먼지를 묻히며 쳐다보고 사는 신혼의 젊은 남녀를 바라보노라면 당사자는 물론 그들의 부모가 하지 않아도 되는 고통을 감수하며 자식을 길렀구나 하는 생각과 함께 연민의 정이 가는 것은 비단 나만의 생각은 아닐 것이다.

"내 것 가지고 내 마음대로 마지막으로 기분 내는 데 그것도 잘못이오?"

가지고 있는 돈을 좀 쓴 것을 말하는 것은 더욱 아니다. 내가 지적하고자 하는 것은 없는 형편에 남에게 빚을 얻어가면서 마련하는 과다한 혼수를 말하는 것이다. 더욱이나 신랑측이나 신부측의 가정경제 형편과 환경조건이 다른 남녀가 만나면서 다른 한쪽과 똑같은 행동조건을 강요함에 부당함을 지적하는 것이다.

결국 교육, 경제, 사회생활, 문화, 관습 등 모든 걸림돌을 융화할 수 없는 이해타산적인 결합은 불행할 수밖에 없음을 지적하는 것이다.

그러므로 결혼의 혼수는 양가의 수준에 걸맞게 최소한으로 시작하고 두 사람이 인내심과 이해심을 바탕으로 협력하고 노력, 절약하며 저축할 때 그것이 곧 가장 큰 혼수가 되고 서로의 존경심을 갖게 하며 행복을 맛보고 부모의 마음을 가볍게 하면서 허례허식이 없는 건전한 천생배필을 만나는 인연의 결혼이 될 것이다.

기억에 남아있는 유년시절의 1차 피난생활

20세기 들어 과학의 발달로 산업이 급속도로 발전하더니 한편으로는 근세에 유럽 전쟁이라고까지 할 수 있는 세계 1차 대전이 1914년부터 1918년까지 많은 인류의 희생을 내고, 그에 앞서 1910년 우리나라는 일본의 침략 전쟁으로 나라를 강탈당했다.

세계 열강들의 침략 전쟁놀이가 종결되는 듯 싶더니 또다시 지구의 동 · 서에서 독일, 이태리, 일본의 군국주의는 급기야 1939년부터 미 · 영 · 불의 민주주의 유화정책과의 마찰로 세계 2차 대전이라는 전쟁으로 비화되어 우리 조선은 좋고 싫고를 떠나 힘의 논리에 의하여 일본에게 주권을 빼앗기고, 일부 백성들은 빼앗긴 나라를 떠나 삶을 영위하고자 타국 땅을 밟으며 독

립운동을 하였다.

대다수 국민들은 남의 전쟁에 내 나라 내 땅을 내어주고 그들의 전쟁놀이에 머슴살이로 삶을 구걸하면서 오로지 조국이 해방될 때까지 전쟁에 시달릴 수밖에 없었다.

그런데 이때 인류가 상상할 수 없는 파괴력의 무기 개발로 세계 1차 대전보다 더 많은 인명과 재산상의 피해를 맛보고 1943년에 이태리, 그리고 1945년에는 독일, 일본이 차례로 연합국에게 무조건 항복하게 되니 세계 2차 대전의 종결과 더불어 우리나라는 해방을 맞이하게 된다.

그러나 나라를 빼앗겼던 서러움을 뼈저리게 맛보고도 통일된 국가를 이루지 못하고 우리나라는 건국과 동시에 또다시 민주, 공산 양 진영으로 갈라졌다. 그리고 동족상잔의 6.25사변이라는, 아니 전쟁을 겪게 되면서 나의 인생 또한 2차 피난시절을 또 다시 경험하게 되었다.

그런데 1차 피난시절이란 이 세상에 태어나 1945년 8월 15일 해방될 때까지라 할 수 있다.

당시 2차 세계대전으로 미국은 일본이 점령하고 있는 만주 군사 병참 지역을 파괴하기 위하여 폭격기가 우리나라 상공을 자주 지나가게 되니 그에 따른 위험 조치와 대부분의 국민은 전쟁물자를 공출이라는 이름으로 유기그릇 (놋그릇)을 비롯한 곡식 등을 닥치는 대로 착취당했다. 한편 나라를 빼앗긴 백성들은 징병, 징용을 피하고자 깊은 두메산골과 농촌으로 피신하였다.

유년기의 나로서는 당시 온가족이 서울에서 경북 영주군 풍기면 수철리에 소재한 현재의 희방사 기차역 몇 집 안 되는 동네에서 1943년 늦가을부터 1945년 이른 봄까지 2년여에 걸쳐 피난살이를 하였던 기억이 새롭다.

1945년은 내가 서울 용산 금양초등학교를 입학하던 해로 일제식민지 교육을 한 학기 다니고 해방이 되었다.

당시 선생님의 구령에 따라 책상 밑으로 폭격을 피하여 피신하는 연습도 하였고 책가방 외에 방공모자(일명 배추꼬랭이모자 또는 솜을 두껍게 두어 ㄱ자 형으로 만든 머리보호 모자)와 상비약품과 미싯가루 등을 보조가방에 넣어 다니던 기억이 난다.

간혹 미국 폭격기 (B-29)가 높은 상공에 -자 형의 하얀 줄을 그리면서 편대를 지어 날아가면 요란스러운 사이렌소리와 함께 모두 방공호(산 또는 절벽을 파서 만든 토굴과 시멘트를 원통으로 굳혀서 만든 통을 세로로 땅에 묻어 그 속에 피신하게 만들어진 인공굴)로 뛰어 들어가던 생각이 난다.

물론 일제시대의 피난생활은 어린 유년시기였기에 긴박감을 깊이 느끼지 못했고 방공호에서 피신하던 시간이 지루했던 기억과 해제 사이렌과 동시에 뛰어나가기 바쁘게 집으로 돌아가던 일이 생각난다.

당시 나의 집은 서빙고역 주위로 현재의 잠수교 옆이었다. 걸어서 이태원 고개를 터덜터덜 넘어 효창동 금양초등학교를 다녔는데 한 번은 하학 후 집으로 가던 중 삼각지를 지나 이태원 고개를 향하여 걸어가다 공습경보를 만나게 되었다.

1945년 당시 삼각지의 현 전쟁기념관 일대는 일본군의 본거지로 나다니는 사람이 거의 없었으며 길 건너 이태원까지의 맞은편 야산은 모두 방공 굴을 개미땅굴 같이 뚫어 놓았었다.

우연히 그 속에 피신하게 되면서 굴속이 그렇게 시원하다 못해 추웠던 기억이 생생하다. 삼각지에는 현 서울역과 용산역 철로의 통로 위로 고가 건널 가로가 놓여 있었다. 예전에는 삼각지 땡땡거리라고 하여 기차가 지날 때면 차단기가 내려가면서 빨강불이 켜졌다 꺼졌다 하면서 "땡땡, 땡땡" 종소리가 나고 건널목 간수가 빨강기와 파랑기를 들고 차단기 앞에 나와서 지킴이를 하였다.

그래서 그 곳을 삼각지 땡땡거리라고 하여 유명했으며 또한 용산초등학교 옆에 서울에서 가장 높은 소방서 망루가 있어 그곳에서 위급함을 알리는 사이렌 소리는 용산 일대는 물론 서울역 지역까지 그 소리가 요란하게 울렸던 것이다.

당시의 서울 시내 교통은 전차가 주요 교통수단이었으며, 종로통과 을지로통은 동대문에서 용산, 그리고 을지로 6가에서 용산까지 다녔으며, 원효로와 효자동, 그리고 서대문과 마포에만 전차가 다녔던 기억이 난다. 그 후 을지로 4가와 돈암동까지 다녔고 지금과 같은 버스는 없었으며 장거리는 기차로 왕래를 했다.

해방 당시까지 서울의 인구가 약 6, 70만이었다 하니 전차의 왕래도 그리 빈번하지 않은 듯 싶다.

전쟁이란 항상 많은 재산과 인명의 피해를 보고야 끝나는 것. 그러나 망각 속에서 그 전쟁놀이는 지금도 계속 지구의 어디에

선가 진행 중이며, 우리 세대는 2차례의 전쟁으로 피난살이를 2번이나 경험해야 했었다. 아직도 전쟁이 완전히 끝나지 않은 휴전 상태에서 전쟁의 위협을 느끼며 우리 자손과 후손들을 바라보는 우리 세대는 불안함을 떨칠 길이 없다.

역사 이래 전쟁이란 끊이지 않고 계속되어 왔으나 그 시대를 살아가는 사람들이 겪는 고통과 비참함은 헤아릴 길이 없다.

"전쟁과 피난"이란 말은 사라져야 될 단어임에 곱씹어 보며 지난 날의 당시 한산한 서울 모습을 떠올려 본다.

나와 소백산

2차 세계대전이 막바지에 이르던 1943년 늦은 가을, 우리 가족은 서울에서 경북 영주군 풍기면 수철리 현재의 희방사 기차역 몇 집 안 되는 동네에서 1945년 이른 봄까지 2년에 걸쳐 피난살이를 하였던 기억이 새롭다.

온 가족이 기차를 타고 도시락을 먹으며 아주 오랜 시간 깜깜한 굴속을 들어갔다 나왔다 하면서 찾아간 곳이 바로 희방사역 마을.

왜? 갑자기 이곳으로 이사를 왔는지도 모르게 나는 소백산 산골 마을의 눈부신 햇살과 맑은 공기에 푹 파묻혀 동네 몇 안 되는 또래아이들의 부름을 받고 어울리며 그곳 생활의 풍습과 억양까지도 배우며 물들어갔다.

그것이 내가 소백산과 인연을 맺게 된 동기이고, 해방 무렵 초등학교 입학 관계로 서울로 올라오면서 어디인지? 산 높고 물 맑은 내가 살던 두메 산골이 가끔은 꿈에 보이면서 궁금하던 그 곳이 바로 소백산이라는 것을 성장하면서 알게 되니 그 연정의 그리움을 더욱더 떨칠 수가 없었다.

이제는 안다. 내가 어릴 때 살았던 높은 산 바로 아래 두메산골은 소백산 죽령굴 바로 앞 희방사라는 작은 기차역임을. 동네에 날이 새면 지난 밤에 맹수가 나와 집에서 기르는 가축을 물어갔다는 이야기와 늦은 봄이면 소백산에는 산철쭉, 진달래가 울긋불긋 만발하였고 많은 산새들의 울음소리가 요란하게 들릴 무렵이면 피었다 떨어진 감꽃을 주워먹고 꽃 목걸이도 만들어 놀던 생각이 난다. 그리고 겨울이면 눈보라와 칼바람 소리가 가끔 산 짐승들 소리와 어우러져 귀신 울음소리와 같이 들리던 곳이었다.

희방폭포에서 내려오는 맑은 물이 얼어 크고 작은 각양의 수정 조각품을 만들고 바위틈에 고인 물은 솥에 넣고 찐 뽀하얀 감자가 잘 익어 톡톡 갈라진 듯, 또는 하얀 촛물, 아니 흰 버터가 굳어져 있는 듯 하였다.

얼음을 깨고 그 밑을 들여다보면 그 속에는 틀림없이 가재들이 떠내려온 갈잎 같이 조용히 몸을 숨기고 있었지.

여름의 장마 계절은 과히 잘 그려진 동양화 속의 그림같이 신선의 고장으로 무릉도원이 바로 소백산 희방사역 마을 수철리가 아닌가!

가끔 꿈을 꾼다. 앞을 바라보면 국망봉이 손에 잡힐 듯 하지만 물안개 구름 속에 파묻혀 보이지 않고 소백산 희방폭포에서부터 쏟아져 내려오는 물줄기는 골짜기의 바윗돌을 굴러 내리고 폭포소리와 계곡으로 흐르는 물소리는 뽀하얀 물안개와 더불어 장관이었다.

간혹 살짝 비추는 햇빛에 무지개가 생겼다 사라지는 마술까지도 부리고 흐르는 물소리는 거문고 소리인 듯 하다가 가야금 소리로 변하고 어쩌다가 물의 힘에 밀려 굴러 떨어지는 바위는 장구, 북소리를 내면서 흐르는 세월의 장단을 인간에게 가르쳐 준다.

뽀하얀 물안개 속에 파묻혀 서있는 내 자신을 잃고 구름 속을 헤매일 때 나는 어린 피난시절을 어른들의 생각과는 무관하게 시간을 붙잡지 못하고 놓쳤다가 이제 칠순이 가까워 겨우 지난 시간을 붙잡고 문답을 하고 있다.

5~6세 때의 추억을 더듬어 집사람과 함께 서울에서 기차에 몸을 싣고 희방사를 찾았다. 중앙선의 기차는 영주역까지 가는 급행열차로 간이역이 된 희방사역은 정차하지 않으나 천지신명의 도움으로 내가 타고 간 열차가 앞 역인 풍기역의 만선으로 희방사역에서 잠시 정차하게 되어 편히 내려 역 앞에서 어릴 때 놀던 역사를 배경으로 사진까지 찍을 수 있는 행운을 얻고 내가 살던 집을 찾아 마루에 걸터앉아 집안을 둘러보면서 그 집에서 40여 년간 계속 살았다는 현주인에게 현재의 동네에 대한 설명까지 듣게 되었으니 옛 추억이 새록새록… 지난 날이 그립구나.

어릴 때 주워먹던 감꽃맛이 떨뜨름하고 달착지근하더니 지난

날의 살아온 감회가 꼭 그 맛으로 이미 앞날을 나에게 맛으로 가르쳐준 듯 싶다.

둘러본 옛 지역은 자연훼손으로 희방폭포에서 흘러내리던 계곡은 더럽혀지고 좁아졌으며 온통 밭을 일궈 과수원이 되었고 희방사역 밑의 굴로 흐르는 희방폭포의 맑은 물속에서 헤엄치며 고기 잡던 옛 생각은 모두 꿈으로 사라지고 말았다.

이곳저곳을 둘러보고 수철리에서 희방폭포를 지나 희방사에 올라 부처님께 예불하고 산사의 주위를 둘러본 후 소백산 연화봉 위에서 다시 희방사 역마을을 내려다보니 누군가 선인들이 산천은 유구하다고 하였으니 세월의 덧없음이 눈앞에 보이는 국망봉과 더불어 흐르는 새로운 계곡물에 시간이란 배를 띄워 나와 함께 두둥실 지나게 한다.

옛날 죽령고개를 넘기 위하여 쉬어가던 주막집들은 포수들과 함께 간 곳 없이 사라지고 꾸부정한 좁은 죽령길은 쭉쭉 곧고 넓게 펼쳐져 있다.

그 옛날 소백산 속에서 향기를 피우던 송이버섯, 싸리버섯의 향취가 찔레꽃 향기와 더불어 아직도 나의 뇌리에서 감돌지만 그때의 풋풋한 그 향기는 세월 속의 시간에 흐름을 잡을 수가 없구나!

6.25 전쟁과 피난생활

1950년 신학기에 나는 초등학교 6학년이 되었으며 중학교를 가기 위하여 우리 또래는 누구나 열심히 공부를 해야 하는 운명적 한해를 맞았다.

초등학교 2학년 때부터 인천으로 이사를 하여 아침, 저녁으로 통근열차로 용산 금양초등학교를 다니던 중 6.25사변, 아니 6.25전쟁으로 누구나 학업을 중단하고 나의 인생에 2차 피난 시절은 시작된 것이다. 전쟁에 밀리고 밀면서 엎치락뒤치락 하는 사이 인명의 희생과 가옥의 파괴로 도시가 폐허가 된 속에서 동족상잔의 처참함은 그 누구를 위함이었는지?

아버님은 이미 남쪽으로 피난을 하시고 우리 가족은 오직 페트릭 헨리의 부르짖음에 따라 1951년 1.4후퇴라고 하는 시기에 올망졸망 짐보따리를 트럭에 싣고 아버님의 고향에 한 발이라도 근접한 대전으로 한달음에 내려왔다.

일가친척집을 오가며 몇 달을 지내다 결국 시내 변두리 용운동에 집을 한 채 사서 이사를 했다. 물론 헤어진 아버님은 만나지 못하고 우리 가족은 가져간 돈으로 절약을 하면서 근근히 피난민 생활을 했던 것으로 기억된다.

곧바로 중학교 5학년이 된 형은 부산으로 피난간 모교를 찾아갔고 1951년 봄부터 대전에도 피난민 학교가 개교하여 나는 남동생, 여동생과 함께 다시 초등학교에 다니던 중 중학교 국가고시를 보게 됐다. 당시는 중학교마다 입학시험을 치르고 신입생을 뽑던 때였다. 그런데 1951년 전쟁으로 인하여 중학생을 뽑지 못한 상황이었고, 그 때문에 전국 초등학교 6학년 학생에 한하여 제 1차 국가고시를 치르게 됐다. 이것이 우리나라의 최초의 국가고사가 되는 셈이다.

따라서 그 성적 순위에 따라 중학교 모집에 응모할 수 있었다. 내 생각에 피난 전에도 금양초등학교를 다니던 시절 나는 인천에서 기차 통학을 하였기 때문에 대학생 형님들을 많이 알고 있었다. 당시 하인천역에서는 승객이 별로 없어 텅텅 비어 오다 상인천(후에 동인천)에 오면 많은 통학생이 차를 탔는데 나는 하인천역에서 자리를 몇 개 잡아 놓고 대학생 형들에게 내주었기 때문에 통학생 중 꼬마라는 별명과 함께 항상 형들로부터 귀여움을 받았다. 또 내 옆자리에는 똑똑한 대학생 형이 앉도록 했는데 그 형은 늘 훌륭한 과외선생님이 되어주었다. 특히 학교에서 선생님께 배우기 전 미리 예습하는 습관이 있어 학교에서도 선생님은 나에게 아이들을 가르치라고 하시고 자리를 가끔 비우시곤 하였다.

그 효과를 국가고시에서도 톡톡히 보아 손가락을 꼽을 수 있는 등수로 내가 소망하던 경기중학교를 입학하게 되었다. 중학교는 역시 피난민 중학교로 충남 · 북 및 대전 시내에 피난 온 서울, 강원, 경기지역 외 이북에서 온 중 · 고등학생으로 각 학년마다 1~2반씩인데 한 반의 학생 수는 약 200여 명이 넘었고 대전 피난민 종합 중 · 고등학교라는 간판을 걸고 당시 목동에 텅 빈 천주교와 주위의 야산 무덤을 이용, 칠판을 내걸고 구름같이 몰려든 피난민 학생에게 공부를 가르쳤다.

당시에는 전시 학생증이라는 것을 학생들에게 주어 중학교 졸업 때까지 군 입대를 보류해주는 제도가 있었으며 학교마다 배석 장교가 몇 명씩 있어 학생에게도 학업 이외 군사 교육 훈련을 가르치며 학생들의 권익을 보호하였다.

얼마 후 중학교는 중 · 고등학교로 분리되고 각각 3년제가 되고보니 피난민 중학교에 피난민이 아닌 충청도 군지역의 나이 많은 징집 연령자까지도 우리 반에 몇 명이 있어 그들이 최고 고령자로 큰형님뻘이 되었는데 물론 장가를 가서 아들까지 있는 사람도 있었다.

그들은 시골에서 땅마지기나 갖고 있었으며 부자소리를 듣던 자손으로 학교 옆에 방을 얻어 자취를 하고 한 달에 한두 번 고향집을 갔다 오는데 올 때는 떡, 엿, 과줄을 가지고 와 배 곯며 살던 나에게는 가끔 포식을 하게 해주었다. 한 반에는 남자가 약 140명, 여자가 70여 명으로 구성되고 남자 반장 한 명과 부반장으로 남녀 각각 1명을 두어 학생들의 조직운영을 이끌었다.

역시 때는 전쟁 시기라 가장 중요한 것은 병무청의 감사에는 학교 성적보다 출석이 학생신분의 징집 여부에 관건이 되었기 때문에 남자 반장인 나에게는 나이든 한 반 학생들이 특히 친절하게 대하여 주었다.

너나없이 생활이 어렵던 시절 선생님들도 한 달에 한두 번 나오는 배급 식량에 신경을 썼고, 동냥자루 같은 쌀자루를 반장이 받아다 선생님 댁에까지 갖다 드렸다.

담임을 못 맡은 어떤 선생님은 교실에 들어와서 첫 마디가 "신발 벗고, 모자 벗고, 앉아라" "죽물로 배를 채우니 기운이 없다" "반장 출석 불러" 하시는 선생님도 계셨다.

그것은 시끄럽게 떠드는 200명이 넘는 한 반 학생들을 바라보며 "잘 먹지도 못하면서 시끄럽게 떠들 기운이 있는가?" 조용히 하라는 뜻이었다. 아침 조회부터 각 시간 수업 때마다 부르는 출석은 물론 번갯불로 콩 튀겨 먹듯 익숙한 솜씨로 각 반의 반장들은 번호를 부르며 출석 확인을 잽싸게 해갔다.

그렇게 2년에 걸쳐 각도 각처의 우리 또래 타교생들과 대전에서 함께 공부를 하고 1953년 초 봄에 서울 피난살이를 하던 덕수초등학교로 (경기중 · 고등학교가 더부살이를 함) 수복하여 본교생들과 3학년 초부터 합류하게 되었다. 그 해 7월 27일 남북은 휴전협정으로 전쟁은 멈추었으나 대부분 부모님들은 서울 수복을 늦추고 자녀만 서울 본교로 보내어 가르치고자 하는 열의는 전쟁 중에도 하늘을 치솟듯 대단한 것이 우리 부모님들이었다.

피난시절 대전 용운동에서 피난민 종합중 · 고등학교까지 대전 시내 중심가를 가로질러 끝에서 끝으로 오직 다리 힘 하나로 버티며 걸어서 다니던 학창생활.

내가 지금 생각해도 어린 몸이 그 먼 길을 어떻게 다녔을까? 신통할 뿐이다. 그것은 비단 나만이 지나온 길이 아닌 이 시대를 살아온 우리 세대의 조상님과 부모님들께서 가르쳐 주시고 길러주신 감사의 그 열매 과정이 피난생활의 학창시절은 물론 국가 발전의 끊임없는 원동력이 되어 변변한 자원 하나 없는 우리나라가 한 사람 한사람의 지혜와 땀방울이 뭉쳐 대한민국이라는 국가가 정치, 경제, 사회, 문화, 국방, 체력 등 다방면에서 오늘날의 초석을 다졌다 생각하면 큰 들숨과 날 숨을 할 수 있는 여유를 이제 조금 갖게 되었고 지난날의 숨가빴던 발걸음이 뒤돌아 보인다. 가난에 쪼들려 허리 한 번 제대로 펴보지 못하고 살아온 우리네 피난생활 살림살이. 무엇 하나 이렇다하고 내놓을 것이 없어도 근면과 절약 그리고 교육열만큼은 세계 챔피언 국가가 아니었겠는가?

우리는 오늘날에 무엇이 국가를 위하는 길이 되는지 각자 잘 알 것이다. 중단없는 국가발전을 위하여 지난 역사를 되새겨 보면서 후손에게 후회없는 탄탄한 국가를 물려주기 위하여 이 시대를 살아가는 우리는 부단한 노력을 경주하여야 할 것으로 생각된다.

세월은 흘러도

여름을 재촉하는 비가 간간이 흩뿌리던 어느 토요일 아침. 다른 때 같으면 기억하기 좋은 셋째주 토요일이라 회사일이든 또는 다른 일로 만나야 될 사람이나 찾아오는 손님이 있을 법도 하건만 창 너머 잿빛하늘이 침통함에 억눌려 을씨년스러운데 간간이 전화벨 소리만 울리는 전갈은 모두 오늘의 약속이 '순연順延' 이라는 전달뿐이다.

마침 오늘은 점심을 한 달에 한 번씩 하기 위하여 만나는 고등학교 동창들 중 '건우회健友會' 라는 명칭을 가진 모임의 약속일이라 우산을 받쳐들고 일찍이 버스에 올라탔다.

추적추적 내리는 비는 가다가 서고 가다가 서는 버스의 창을 적시고 창 너머로 줄지어 서있는 차량의 행렬을 바라보니 마음은 벌써 친구들과 조우하는 기분이다. 늦어질까 조바심이 가슴을 친다.

몇 사람 타지 않은 버스에는 눈을 지그시 감고 상념에 잠긴 사람, 졸기 시작하는 사람이 보이고 한강대교를 건너는 버스는 지루하기가 한량없다. 오늘따라 촌놈들 한강다리를 실컷 보여줄 모양이다. 차창을 내다보니 문득 친구란 무엇인가? 하는 생각에 눈을 지그시 감고 나도 그들과 함께 상념에 들어갔다.

물론 친구들 중에는 어릴 때 같은 마을에 살던 골목 친구, 그리고 초등학교 동창, 중 · 고등학교, 대학, 군생활, 사회 등 내가 살며 거쳐온 세월 속의 사람들이 있으나 역시 결론은 자주 만나서 식사라도 함께 하고 차와 술잔이라도 나누며 많은 대화를 함께 하는 사람이 친구의 연속성을 유지한다는 평범한 결론을 얻게 되었다.

유년과 소년 시기를 6.25사변이라는 특수한 전쟁 시기를 거쳐 살아온 우리는 유년시절의 골목 친구와 초등학교 시절의 친구들을 세월의 망각 속에 모두 묻어버리고 잃어버린 채 어려웠던 피난시절 우애와 정을 나누면서 살아왔으나 언제부터인지 소식이 끊기고 만나지 못한 세월이 한 달, 일 년, 그리고 몇 년이 지나고 보면 그와 함께 지냈던 즐거운 우정을 차츰차츰 망각이라는 항아리 속에 고이 간직하며 멀어지는 것이 아니었던가?

어느 덧 세월이 흐르고 소식이 없던 친구를 함께 알던 친구를 만나 물어보면 “나도 몰라.”, 혹은 “죽었다는 말을 들었어.” 하는 것이 고작 대답. 아! 벌써 그렇게 되었구나!

밥 같이 먹고 매일 같이 생활하기로는 친 동기간과 친척이 제일 많지만 동기간도 각기 가정을 이루고 살기 위하여 떨어져 살다보면 위, 아래의 종속적인 관계보다 수평적인 친구가 더 편하고 좋아서 만나고 어울려 살아왔다.

이제는 살아온 날보다 살날이 얼마 남지 않은 세월이기에 주름진 얼굴에 흰 머리카락, 그리고 꾸부정한 허리에 뒤뚱뒤뚱 걷는 뒷모습이지만 한 사람, 한 사람 볼 때마다 소중한 오늘의 모임을 잊지 않는다.

오늘이 마지막이 아닌, 내일 그리고 또 다음날에도 자주 만나 시덥지 않은 소리를 하고 헤어지는 한이 있어도 우리들의 만남이 꾸준히 계속되기를 바래본다.

몇 년 전만 해도 팩스로 '미운년', '미친놈' 시리즈를 보내주던 그 친구가 늦게야 철이 들었는지 "마음씨 좋은 늙은이로 삽시다"를 품속에 품고 와서 내 손에 꼭 쥐어주던 그 모습을 생각하니 저절로 웃음이 나고 친구들을 만나러 가는 내 마음이 환하게 밝아온다.

오늘도 광화문 한 구석진 모퉁이 식당에서 우리는 모여 반 백년이 넘는 세월동안 함께 살아오며 다져진 우정을 한 잔의 술잔을 기울이며 남의 말을 잘 듣지 못하는 멍청한 귀를 가진 우리 모두를 위해서 잘 들리도록 하려고 각자는 기사정신을 발휘하여 소리소리 내지르며 목청을 돋운다.

점잖고 어른스러운 말씨는 귀를 씻고 들어도 들어볼 수가 없다. 늙은이 건달들의 회식 장소같은 형상이다.

모두 운동선수이고 정의감에 불타는 젊은 청년시절의 무용담 같은 소리만 왁자지껄….

나이가 들면서 고집만은 고래 심줄같이 질겨져 자기의 주장을 좀처럼 굽히려 들지 않는다. 결국 한 턱 내기로 발전하고 대화의 질서가 잡혀가는 꼴이다.

한참 열을 올려 한바탕 연설이 끝나면 오늘의 건강한 우정의 모임, 즉 건우회를 위하여 우리는 술잔을 부딪치고 시골의 장터 국밥집 같이 오늘의 모임은 파장이 된다.

오늘은 누구에게 무슨 이야기를 듣고 어떤 말을 했는지?

나도 몰라…!

집에 가자…!

웃으며 손잡고 무엇이 그렇게도 좋은지?

입은 귓가에까지 찢어져 식당을 나오면서 손을 흔들어 다음의 모임을 약속한다. 골목 길을 거의 다 빠져 나와 한 친구가 "아차 우산을 두고 나왔군."

너도나도 다시 식당으로 가 우산을 찾아들고 웃으며 나온다.

늙은이의 우정은 이런 것이란다.

올 때도 함께 왔으니 갈 때도 함께 가는 것이 아닌가?

K형에게서 받은 글

친구여!
나이가 들면 설치지 말고, 미운 소리, 우는 소리, 헐뜯는 소리, 군소리와 불평일랑 하지를 마소.
특히 나와 관계없는 소리는 들은 척도 하지 마소.
본인 없는 곳에서 남의 말 하다가 물음맞춤 하려고 끌려다니는 꼴불견,
주책없는 노인되니 알고도 모르는 척, 모르면서도 적당히 아는 척, 어수룩하소. 그렇게 사는 것만이 현명하다오.

친구여!
좋은 늙은이로 살려면 상대방의 말은 될수록 많이 들어주고 나

의 말은 아끼시오. 늙으면 난청현상 누구나 오는 것.
목소리는 가급적 낮추시구려.
그것이 늙은이의 노여움과 외고집을 털어버리는 방법이 된다오.
한 걸음 물러서 양보하는 것,
그것이 또한 지혜롭게 살아가는 비결이라오.

친구여!
젊었을 때 잘 나가던 생각일랑 모두 잊고,
제발 잘난 체 내 자랑일랑 하지를 마소.
어제 청춘, 오늘 백발, 흘러간 세월은 잡을 수가 없다오.
인생은 공수래 공수거, 종국에는 한줌의 티끌 되나니.
내 자녀, 내 손자, 그리고 이웃 누구에게나
웃으며 살던 좋은 늙은이로 살아갑시다.

친구여!
돈, 돈, 돈 욕심을 버리시구려.
아무리 큰 부자라도 죽으면 가져갈 수 없는 것,
유산 때문에 자식들 싸움하게 만들지 말고 살아있는 동안에
음덕을 베푸시구려.

친구여!
그렇지만 이것은 겉 이야기일 뿐! 정말로 정말로 필요한 돈은
죽을 때까지 갖고 있구려. 그리고 옛 벗을 만나거든 술 한 잔 사

주고 불쌍한 사람에게 베푸시구려.
손자에게 용돈 한 푼 줄 여유 있어야 늘그막한 내 몸 돌봐주고 받들어주니 명심하고 숨 끊어질 때까지 잊지 말게나.

친구여!
늙어서 필수품은 효자손과 죽부인 명품 중에 진품은 부부밖에 없다오.
사후에 후회말고 마음껏 사랑하고 손 꼭 잡고 산천 구경 자주자주 다니시오.

친구여!
아파서도 안 되오. 치매 걸리면 더욱 안 되오. 자기의 건강은 자기가 책임져야 한다오.

※이 글은 K학형이 내 손에 꼭 쥐어준 것을 나의 뜻을 첨언, 약간 수정 첨가하였음을 알립니다.

제 3장

내 발길 닿고 싶던 백두산과 금강산

언제부터인가 나의 일생을
마치기 전 이 땅에 태어난
자손으로서 백두산과 금강산은
꼭 한 번 오르고 싶었다.
벼르고 별러 올랐던 등반길…
과연 민족의 영산인 백두산과 금강산은
잊을 수 없는 감동이었다.

언제부터인가 나의 일생을 마치기 전에 이 땅에 태어난 자손으로서 백두산과 금강산은 꼭 한 번 오르고 싶었다.

가까운 친구를 만나면 차 한 잔, 소주 한 잔 나누면서도 한 번 올라봐야 하는 것 아냐? 하면서 입버릇처럼 하던 말이 가까운 친구 이석우李錫雨 회장, 이돈형李敦珩 회장, 이상복李相馥 교수, 현휘남玄輝男 회장이 의기투합하여 마침 중국과 국교가 이루어짐을 기회로 우리는 몇 번씩 백두산 등정 계획을 세우다 천지를 볼 수 있는 7월이 적기라는 여러 사람들의 조언을 받고 함께 떠나기로 하였다.

때는 장마철이라 한편 반신반의하면서도 백두산 등정이 퍽이나 힘들 것으로 예상하고 준비를 갖추어 우리 일행은 1998년 7월 15일 우리 모두가 회갑이 되는 해 출발을 하게 되었다.

1998.7.17 오전 7시

백두산에 올라

1998년 7월 15일.

말로만 듣고 그림으로만 보면서 어릴 때부터 꼭 등정하고 싶었던 백두산에 실제로 가게 되었다는 느낌은 김포공항에서 출국 심사를 마치고 기내의 좌석에 착석하고부터였다.

그것은 막연한 동경이 아니라 나도 대한민국의 국민이라는 엄연한 사실이 나로 하여금 세계에서 제일 높다는 에베레스트(산)은 못 가보더라도 대한의 자손으로 태어나 내 나라의 최고봉인 백두산과 금강산에는 우리의 조상님들과 함께 나도 이 땅에서 살았었다는 증표로 나의 발길이 닿고 싶었던 곳이다.

그러나 우리는 분단된 국가로 내 나라, 내 땅일지라도 자유롭게 오를 수 없는 현실이고보니 오매불망 그리워지고 가 보고픈 마음이 더 솟구쳤던 것 같다.

물론 내가 사는 서울에서 나의 승용차로 가까운 친구와 혹은 가족과 함께 내 나라 땅을 밟으며 내달린다면 몇 시간 안 되는 거리이지만 번거롭게 돌고 돌아 타국땅을 거쳐 백두산에 올라야 되는 현실의 서글픔에 오늘을 사는 우리들의 어리석음을 한탄하며 나는 현대판 시조새를 두 번씩 바꿔 타면서 그 속에 숨어 구름을 뚫고 옌지를 향하여 날아갔다.

1998년 7월 16일

우리 일행은 꾸물거리는 날씨의 장마철인 데도 옌지 대우호텔을 떠났다. 재봉틀 실패 바퀴 위에 얹어놓은 성냥갑 같은 자동차 속에서 아름드리 나무가 울창한 숲속을 지나 먹구름이 두텁게 덮인 백두산 정상을 향하여 달리면서 말로만 듣던 천지를 보게 되기를 간절히 기원하였다.

백두산 입구에서 다시 자동차를 바꾸어 타고 길도 꼬불꼬불, 나무도 꼬부랑, 대머리 독수리의 이마팍 같은 백두산 위에 석우錫雨, 돈형敦珩, 상복相馥, 휘남형輝男兄과 같이 편안히 차를 타고 올랐다. 이제 십여 분만 걸어서 화산재로 뒤덮인 가파른 길을 오르면 바로 그곳이 우리가 목표로 정한 정상인 것이다.

우리는 차에서 내려 아무 말 없이 안개비가 내리는 정상의 언덕을 단숨에 뛰어올라 어느 누가 세웠는지 〈白頭山 天池 2744m)라는 표석 앞에 내 발길 닿고 싶던 소망대로 백두산에 오른 것이다.

영산靈山! 우리의 백두산!

'너는 어찌하여 회갑이 되어서야 나를 찾았는가?'

우리의 영산! 백두산은 몹시 서운했던 모양이다.

천지는 큰 이불로 덮어놓은 듯 두터운 먹구름으로 가리워져 막무가내로 보여주려 하지 않는다. 늦게야 백두산을 찾게 됨을 두 손 모아 사죄하고 모자를 벗어들고 경건한 마음으로 나의 소원을 빌었다.

조국통일, 가족 건강, 만사형통하기를….

결코 우리의 영산 백두산은 천지를 보여주지 않고 세찬 비바람으로 우리를 모질게 내쫓아버리고 말았다.

허탈한 마음을 지니고 하산하니 이제부터 각종의 비가 시간이 지남에 따라 우리에게 쏟아 붓는다. 세찬 소낙비, 그러다 가랑비, 이슬비, 다시 주룩주룩 장맛비가 내리더니 갑자기 뚝 하고 안개비로 바뀌는 듯하다.

그치는 듯 여우비가 반복되는 동안 천천히 걸어 흰 광목을 펼쳐놓은 듯한 장백폭포 앞까지 철다리와 계단을 올라 쏟아지는 비를 우산으로 받치고 우리 일행은 기념 사진을 찍고 영산 백두산의 장백폭포를 향하여 합장하였다.

내려오는 길에 솟아오르는 온천물로, 삶은 달걀로 뱃속의 속때를 벗기고 그것도 모자라 우리는 백두산 온천물로 목욕재계를 하면서 굳게 굳게 내일을 기약했다.

영산! 백두산이여!

나는 당신의 품안 천지를 꼭 보고 확인하여야 되겠습니다. 그

리해야만이 이 땅에 살았던 자손임을 우리 조상님들에게 확신 시킬 수 있기 때문입니다.

1998년 7월 17일

백두산 초입에서 멀리 떨어지지 않은 장백호텔에서 피곤함을 달래려 잠자리에 들었으나 좀처럼 잠이 오지 않는다. 불을 끄고 누우니 왕모기가 날아다니는 날카로운 금속성 소리에 신경은 곤두서고 우리나라의 지도가 눈앞에 어른거린다. '내가 백두산의 정북正北에 와 있구나!' 등 이런 생각 저런 생각을 하며 엎치락 뒤치락 하는 사이 날은 새고 먼동이 트는 지 창문이 점점 밝아온다. 비는 오지 않는지 창문의 얇은 커튼이 맑게 보여 오늘의 2차 백두산 등정은 계획대로 실천하기로 하고 우리 일행은 서둘러 준비를 하여 안내자와 함께 아침 6시 백두산의 정상을 향하여 호텔을 떠났다.

성냥갑 같은 자동차 속에서 쳐다보는 우리의 영산 백두산은 보여줄 듯 말 듯 구름이 덮였다, 흩어졌다 한다. 조금 가다보면 맑게 보이고 한 굽이를 돌아 올려다보면 또 구름으로 덮여있다.

어쩌면 그렇게도 변덕스러운 시어머니의 마음과 같이 시시각각으로 변하는지! 시험보러 가는 수험생의 마음으로 요정 같은 난쟁이 나무들이 빽빽이 들어선 꼬부랑길을 돌고 돌아 또다시 독수리의 대머리와 같은 정상에 오르니 해맑은 하늘이 보였다.

단숨에 뛰어 옹기종기 모여있는 2,744m의 정봉 바위 앞에서 두 손을 모아 합장을 하고 올려다보니 위로는 구름 한 점 없는 코발트-그린색 하늘, 정면에는 진록색 백두산, 그리고 발 아래로 펼쳐지는 쪽빛의 천지가 한눈에 내려다보인다.

그때 시간이 1998년 7월 17일 오전 7시였다.

백두산은 이 세상에 태어난 지 육십 회갑이 되어 모든 난관을 물리치고 서울에서 찾아준 우리에게 두텁게 덮였던 구름 이불을 활짝 걷어 제끼고 찬란한 당신의 모습을 똑똑히 보여주면서 포용하여 주었다.

아! 아! 우리의 등정은 헛되지 않았다.

다른 계획을 취소하면서까지 모두 한 마음으로 비바람과 삶은 달걀, 그리고 온천물로 유리알 같이 몸과 마음을 씻고 지성으로 당신을 대한 보답의 잊지 못할 추억이었다.

실제로 백두산 등정은 오전 8시부터 입산이 허락되어 있었으나 우리는 안내자에게 1차 등정 실패 후 방법론에 관계없이 꼭 백두산과 천지를 볼 수 있도록 하여 달라고 간청하여 이루어진 특별 입산 허가였기 때문에 입산객이 거의 없는 이른 시간에 등정하여 한가롭고 호젓한 백두산 경관이 더욱더 나로 하여금 황홀하게 하였다.

백두산 경관을 볼 수 있는 기간은 고산 지대라 기후의 변화가 심하여 1년을 통하여 약 40여 일. 그 중에서도 추운 겨울과 장마철을 빼면 며칠이 안 된다는 안내자의 설명이다.

백두산에 올라 천지를 볼 수 있었던 일수는 입산이 시작된 지난 5, 6월에는 겨우 5~6일, 7월 중순까지 2일 뿐이었다니 그 행운은 미루어 짐작할 수 있을 것이다.

거의 30~40분 간격으로 시시각각 눈비는 물론 구름이 덮여 백두산의 전체 경관을 볼 수 없다고 하니 우리의 행운은 엄청난 것이었다.

이 행운을 영원히 간직하고파 비디오는 물론 수많은 사진을 찍고 우리 일행은 큰 소리로 '우리의 소원은 통일'이라는 노래를 목청 높여 불렀다.

콧등이 시큰하고 눈에는 물방울이 맺혔으며 감격하여 목이 메었다. 바위에 걸터앉아 담배를 한 대 입에 물고 위로, 정면으로, 아래를 번갈아 바라보며 상념에 상념을 더하였다. 서울의 정경과 집도 생각했고, 가족과 친지, 그리고 그간의 삶과 세월의 흐름, 돌아가신 부모님 등….

얼마나 시간이 지났을까?

저 멀리 구름이 몰려오고 산허리로부터 안개가 휘돌아 감긴다. 우리는 백두산에 두 번 올랐고 맑은 산과 천지를 또렷이 보았으니 내려가야만 된다.

이제는 하산이다! 떨어지지 않는 발길을 돌려 하산하는 길에 백두산의 가슴 부근쯤 되는 산허리에서 자동차를 세우고 솟아나는 샘물로 얼굴을 적셨다. 어머니의 젖을 먹듯 꿀꺽꿀꺽 약수로 배를 채워 온몸의 피가 백두산 약수로 정화되기를 바라면서….

감히 백두산의 젖을!

어머니의 모유와 같이 만족스럽게 먹고, 얼굴과 손을 그 향기로운 샘물로 마사지까지 한 사람이 얼마나 될까? 단군신화의 요람이며 우리의 뿌리인 영산 백두산을 건강한 몸으로 우리는 만족스러운 포만감 속에서 하산할 수가 있었다.

내 평생에 백두산을 또 찾을 수 있을까? 만감이 교차하는 허전함을 달래며 돌아오는 길에 나는 고도 베이징에서 중국의 역사를 보았고 만리장성에 올라 한 인간의 욕심 때문에 이 세상을 살다간 수많은 민초들에게 고통의 연속을 준 표적물을 똑똑히 보고 올라 보았다.

물론 훌륭한 역사의 유물에 감탄을 하면서도 그 속에 숨어있는 피와 눈물, 그리고 고통의 태산과 호수를 보았다.

세월의 흐름과 인생의 덧없음만 깊이 간직하고 서울로 돌아왔다.

자연의 웅대함과 신비로움, 한편으로는 인간의 욕심이 만들어낸 조형물들, 그렇게도 불로장생을 하려고 발버둥 친 진시황이 얼마나 살다 갔단 말인가?

물론 인간은 부단히 노력하고 신이 주신 생명이 다할 때까지 쉬지 않고 무엇인가를 하여야 된다는 생각에는 절대적으로 동감이다.

그러나 인간이라는 특수동물에게는 외피 속에 '혈血' 이라는 특수물체가 흐르고 있는 한 절대적인 한계가 있기 마련이다.

여기서 나는 소가 아닌 인간이 되기를 바라는 마음에서 귀국 후 서너 달 동안 명상에 잠기며 남은 나의 일생을 가상적으로 비교 추정하여 볼 계기를 갖게 되었다. 인간으로 태어난 이상 사람답게 주어진 시간을 보내고 나의 뜻을 이루도록 하여야 되겠다고….

1998년 10월 어느 날

금강산 가는 길

1999년 3월 5일 15시 30분.
서울 역촌동 자택 출발
18시 이천 세혁 집 도착
1999년 3월 6일 08시 10분 이천 현대전자 출발
12시 정동진 도착, 점심 식사
16시 30분 금강호 승선 완료

1999년 3월 6일 오후 5시 40분, 곧 눈이 내릴 듯 지뿌듯이 흐리고 세차게 바람은 금강호를 향하여 몰아친다.

내 발길 닿고 싶던 금강산을 가라는 것인지? 가지 말라는 것

인지?

금강호의 후미 갑판에 올라선 나를 바람은 시기하여 하선이라도 시킬 듯 맹렬히 불어온다. 갑판 위에서 바라다보는 내외항의 전망이 시원스럽게 탁 트인 북녘하늘을 바라보며 공상의 세계를 꿈꾸고 있는데 금강호의 출항 뱃고동 소리는 울리고 동해시의 맑고 퍼런 바닷물은 높은 파도에 밀려 물거품을 만들었다. 그 하얀 포말 속을 금강호는 가르며 육중한 20층 높이의 8,300톤급 건물이 두둥실 떠밀려 떠나간다.

금강호는 만년설에서 떨어져 나온 빙산의 한 조각 같이 흘러흘러 항구를 떠나 외항으로 깊숙이 깊숙이 빨려 들어간다.

시퍼런 바닷물이 뱃전에 부딪힐 때마다 흰구름을 뭉실뭉실 만들고 유빙流氷과 같은 금강호는 바닷속으로 잠수를 했다가는 곧 솟구쳐 오른다.

장전항 앞바다까지 금강호 231호, 오뚝이의 뱃속 같은 2인 객실 속에서 아들과 나는 함께 대자연 속에 몸을 의지하고 가랑잎 속에 누운 애벌레와 같이 어두운 밤바다를 12시간이나 흘러 흘러가야만 했다.

구름 속을 헤집고 나르는 점보 비행기를 탄 듯도 하였었고 북극이나 남극을 떠다니는 빙산에 올라앉은 듯한 착각을 느끼면서 밤바다를 나는 "바람 부는 대로 가는 구름"이 되었다.

뱃전에 부딪힌 흰 물거품을 재빠르게 뒤로 보내고 물 위로 떠오르다, 내려앉음을 반복하면서 남북 분단 후 50여 년 만에 남한의 동해항과 북한의 장전항을 내해內海로 못 가고 꺽쇠를 박아놓은 듯한 항로를 따라 조심스레 금강호는 금강산을 찾아 힘겹게 찾아간다.

웬일인지 금강산에 오른다는 기쁨보다 뱃길로 가게 된 나의 심정은 쓸쓸했으며 허전하였다. 지난 해 백두산을 갈 때도 그러하더니! 마음이 편하지 않았다. 같은 나의 조국, 그러나 오늘을 사는 우리는 뱃길을 쫓아야 우리의 명산 금강산을 찾게 되니 편치 않은 마음에 줄이어 담배를 피워대며 자위하면서 기분전환을 위하여 노력하려 하였다.

아들도 잠자리가 편치 못한 모양이다.

뒤척뒤척하며 무엇인가 깊은 생각에 잠긴 듯 싶다. 나의 마음을 알아챈 듯 세혁은 벌떡 일어나 집에서 준비해온 캔맥주와 안주를 데스크에 놓으며 "아버님 드시고 주무세요." 하는 그 말

한 마디에 나는 잃었던 나의 중심을 찾고 애써 여행의 즐거움으로 달음질치려 하였다.

청초한 밤하늘에 뿌려놓은 맑고 고운 별가루와 정월 달 열 아흐레의 정다운 하현달을 갑판 위에 올라서 감상하며 여행하기를 기대했으나 칠흑같이 어두운 밤하늘에 그나마도 두꺼운 구름으로 가리워져 나의 눈을 수건으로 가리워 매어 놓은 채 둘러서서 술래잡기를 하던 어린 소년시절의 한때와 같이 불안한 심정으로 방향의 감각을 잃은 채 흘러 흘러 갔다.

2개의 동그란 창문을 통하여 커튼을 걷고 밤바다를 내다본다.

금강호에서 비치는 객실 창의 불빛과 갑판에서 항로를 밝히는 불빛이 저 멀리 먹물 같은 바다에 반사되어 금강호의 제 모습을 비추어 볼 수 있음은 아름다운 금강산을 찾는 내 마음속을 환상으로 이끌고 스스로를 낙천적으로 생각하게 하였으니 이는 모든 이가 단잠에 들어있는 깊은 밤이기 때문만은 아니겠지!

불빛을 따라 형광물질을 내뿜으며 칠흑 같은 바다 속에서 물고기가 배 가까이 따라오고 바다 위로 스치듯 따라오르는 이름 모를 물새의 비행은 이 조용한 밤에 나와 아들이 혼자가 아닌, 대자연과 호흡하며 생활하고 있음을 절실히 느끼며 스스로 감동하게 했다.

출렁이는 금강호의 객실 속에서 새삼스럽게 우리 부자의 운명을 장전항에 도착할 때까지 금강호에 맡기고 무기력하게 침대에 누워 곤히 잠든 아들의 모습을 볼 때 사랑스럽고 정다우면서도 대견함은 웬일일까?

신이 우리 국민에게 주신 공동체라는 운명론과 흔히 말하는 같은 배를 탄 사람들의 느낌 또한 같은 것이기에 금강산을 찾는 나의 심정은 전 민족의 평안과 번영, 그리고 통일을 절실히 염원하면서 거의 뜬눈으로 기도를 되풀이 되풀이하였다.

날이 새면 도착될 미지의 장전항을 머리에 그리며 이렇게 나는 금강산 가는 설레임 속에 금강호는 북한 장전항의 내해로 천천히 흘러 들어갔다.

외금강 구룡폭포 가는 길

3월 7일 오전 6시 30분 금강호의 움직임이 느려지는 듯하더니 갑자기 여객선의 기관소리가 크게 들리며 뚝 멈춘다. 커튼을 걷고 밖을 내다보니 어둠이 걷히는 듯 희미한 속에 장전항의 인가들 불빛이 보이더니 곧 꺼진다.

감회가 깊다. 저 불빛 속에는 단란한 가족이 누구는 이불 속에 누워 있을 것이고 어느 누구는 오늘의 하루를 위하여 아침 식사 준비를 하겠지!

우리 부자父子는 일어나 6층의 오션펠리스에서 아침 식사를 하고 객실로 돌아와 등산복으로 갈아입고 등산준비를 갖추어 각 조의 모임에 참석하였다.

장전항에서는 사진을 찍지 말라는 주의와 비디오 카메라의 촬

영 금지 및 비난성 사상발언 주의 의무를 수차례 듣고서야 금강산 등정에 따른 입항준비로 각자 나누어 준 배낭에 간식과 도시락을 넣고 9시가 넘어서야 자선子船으로 옮겨 타게 되었다.

낮게 드리워진 구름과 항구의 세찬 바람에 기온은 그리 낮지 않은 듯 영하 2~3도인 데도 체감 온도는 영하 10도 이하인 듯 귀가 시려웠으며 바지선이 움직일 때 갑판의 기운은 호기심과 착잡함, 그리고 흥분된 마음으로 한 모금의 담배가 나의 마음을 차분히 가라앉히기에는 부족하였다.

바지선 갑판 위에서 입항할 장전항 부두를 신기한 듯 빠짐없이 바라본다. 일요일임에도 돌과 흙으로 쌓아진 흙담이 둘러쳐진 넓은 공동 마을 안에는 일찍이 부녀자들이 모여 살구꽃색 한복과 흰색 또는 검은색 한복으로 단조롭게 차려 입고 둥실둥실 팔을 벌려 춤을 추는 주민들의 모습은 이색적이었다.

우리들을 환영하는 것인지 또는 마을에 특별한 경사가 있는지는 확실하지 않았지만 바지선 갑판 위에서 관광객들은 삼삼오오 담배를 피워 물고 물끄러미 바라보았다.

관광객 일행은 장전항에 입항하여 감시의 눈초리를 받으며 세관 사무실에서 각 조별로 입국 수속을 밟고 통관을 하여 약 30여 명씩 짜여진 조별로 중형 관광버스에 나누어 타고 오전 11시쯤에야 외금강 초입까지 영화에서나 본 포로수용소 같은 철조망이 길 양편으로 둘러쳐진 통로를 따라 줄지어 천천히 달리는 버스 안에서 낯선 외부의 풍경에 신기한 듯 창문을 주시했다.

간혹 철조망 밖으로 오가는 사람들의 손짓에 함께 손을 흔들어 답례를 하고 한 곳이라도 놓치지 않고 더 관광하려는 우리들의 시선은 바쁘게 눈동자를 움직이게 하였다.

양편으로 쳐놓은 철조망 안에는 약 100m 간격으로 지그재그형으로 돌부처 같이 굳은 자세로 서 눈동자 하나 움직이지 않는 군인도 있고 소가 닭 쳐다보듯 흘깃 눈동자만 돌리는 군인이 권총을 차고 초병 근무를 하는 모습은 길 양쪽에 전주가 정연하게 줄 서 있는 것 같은 느낌을 받았다.

이 기이한 관광의 모형이야말로 세계 어느 곳에서도 볼 수 없는 초 특유의 백만 불짜리로서 선택된 사람들만이 볼 수 있는 특수한 관광이기에 나는 허탈한 마음으로 관광비가 아깝지 않은 별미관광을 하면서 또 한 번 분단의 아픔을 절감했다.

입국과 통관 수속이 끝날 무렵부터 한 잎 두 잎 풀풀 흩날리던 눈이 갑자기 싸락눈으로 바뀌면서 눈 내리는 속도가 빨라지더니 순식간에 온통 천지가 하얀 세계로 바뀌면서 기후와 주위의 경치에 나의 마음은 조금씩 조금씩 금강산 경관에 나도 모르게 빠져들고 있었다.

장전항을 떠나 온정리를 지나서 신계사 터를 돌아 신계천으로 들어서니 양편으로 쭉쭉 뻗은 미인송이 울창하고 어디에서 그렇게 모여 들었는지 수로를 비낀 양편에 크고 작은 수많은 바위들이 각각 자리를 하고 수백 년, 수천 년 동안 비바람과 물에 깎여 미인의 얼굴보다 면이 더 곱고 매끈한 돌들이 지천으로 깔려 신계천의 신비를 더한층 유명하게 함을 스스로 깨달았다.

이렇게 14.6km를 버스를 타고 시속 20km의 느린 속도로 눈내리는 속을 헤치며 주위 경관과 초병 구경을 하면서 주차장에 도착해 모두 하차를 하고 2~4개씩 모여 있는 간이 화장실을 줄을 서서 다녀온 사람들과 함께 조장을 따라 등산길에 올랐다.

0.4km의 평평한 산행길을 오르니 목란관이 맑게 흐르는 냇가에 기둥을 받치고 그림같이 축조되어 있고 다시 0.8km를 오르며 양지대를 지나서 0.9km의 산행을 재촉하였다.

하늘은 자욱한 안개로 가려지고 흰 떡살 같은 흰눈이 구룡폭포에 처음 오르는 세혁과 나의 눈앞을 가려 길을 막아 우리는 속도를 늦추며 발목까지 빠지는 새하얀 길을 뽀드득 뽀드득 걸으면서 천상의 세계로 푹 빠져들며 황홀감에 도취되었다.

오선다리, 목란다리, 다리 다리를 건너서 유명한 삼록수 약수터에 다다라 산삼과 녹용이 녹아 솟아난다는 약수로 목을 적시고 백년 무병건강을 금강산 산신령님께 약속 받고 걸음을 재촉하여 0.4km 정도를 오르니 바로 그곳이 유명한 금강문이었다.

한 사람이 지날 수 있는 문 앞에서 세혁과 나는 눈 내리는 속에 포즈를 취하여 사진 한 장씩 찍고 0.6km를 더 올라 금수다리, 만경다리를 또 건너 옥류동 무대바위로 향했다.

옥류동에 이르러 무대바위가 넓게 펼쳐진 바위 옆을 지나며 바라보니 위에서 흘러내린 옥같이 맑은 물이 추위에 솜옷을 입고 졸졸 흐르며 옥류동을 떠나기 싫어 정지한 듯 싶다.

무대 바위를 지나 0.2km를 더 오르니 깊고 넓은 연주담이 눈 아래 보이고 또다시 0.1km를 오르며 바라보니 저 멀리 비룡폭포가 눈 내리는 점점 사이로 희미하게 보인다.

마지막 오르막길 0.9km를 더 오르니 눈앞에 구룡폭포는 시간을 세우고 흐르던 물마저 멈춰서 있는데 깎아지른 산비탈을 흐르던 폭포수 모양이 불전에 피워놓은 촛불의 촛물이 녹아 내리다 굳은 듯 시간의 흐름을 용서치 않는다.

금강산에 내린 눈비조차도 금강산에 더 머물고파 은세계의 아름다움을 자랑하며 납작 엎드려 있는 그 모양이 아름다워 별천지의 천상에 온 세혁과 나는 허공에 들이대고 카메라 셔터를 눌러댔다.

아홉 용이 놀았다는 구룡폭포를 바라보고 그 옆 바위에 각인된 '彌勒佛' 의 장엄함에 입을 딱 벌리고 그 시대 사람들의 인간한계를 넘는 예술적 재능과 도전의 승리로 그 용기에 저절로 감탄이 나왔다.

그 옛날 조상님들이 신의 조화 속에 도전함은 두고두고 현세의 우리에게 비전을 갖게 함에 큰 용기를 주었다고 믿어 의심치 않는다.

자연과 인공이 공유함을 뒤로 하고 아들과 나는 한 벌밖에 없는 아이젠을 한 짝씩 신발에 걸치고 미끄러운 하행길을 등산로

옆으로 임시 설치한 로프줄을 붙잡고 조심스레 눈을 맞으며 하산을 재촉하였다.

하행 중 삼록 약수터에서 약수를 배부르게 마시고 서울의 친지를 위하여 작은 병에 정성스럽게 약수를 담고 가벼운 마음으로 주차장에 다다르니 그때는 오후 3시, 왕복 8.6km의 산행 코스를 마친 시간이었다.

쉬지 않고 쏟아지는 쌀가루 같은 흰눈은 시간이 지남에 따라 차곡차곡 쌓이고 온정리 휴게소에 도착했을 때는 춥고 배고픔에 지쳐 있었고 그때야 준비해온 도시락을 우리는 먹고 친지에게 나누어 줄 간단한 선물을 사려 하여도 마땅한 것이 없어 술과 담배를 사 가지고 세관에서 똑같은 출국 수속을 마치고 또다시 자선인 바지선을 타고 본선인 금강호에 돌아오면서 눈 내리는 온정리 마을을 애틋한 마음으로 시선을 돌릴 수가 있었다.

금강호의 편의시설은 해외의 여행에서 느끼었던 어느 호텔에도 뒤지지 않는 시설과 서비스였다. 객실에 돌아온 우리 부자는 샤워를 하고 옷을 갈아입고는 침대에 벌렁 누워 오늘 구룡폭포로 갔던 길을 다시 한 번 되새겨 올라보며 황홀함에 도취되었다.

나는 이렇게 개골산 여행 2일째를 온종일 눈이 내리는 속에 흥분과 감격으로 내 발길 닿고 싶던 등정을 하였다.

외금강 만물상

3월 8일 5시 30분 기상! 밤사이 그쳤던 눈이 아침부터 또 다시 내리기 시작하였다. 똑같은 코스로 만물상을 오르려 떠났지만 어제 내린 눈이 얼고 일기가 계속 불순하여 우리는 장전항 이항 후 버스 속에서 산행의 허가가 승낙되지 않아 머뭇머뭇 하더니 11시가 넘어서야 온정리의 현대 휴게소에 버스는 머물고 그곳에서 간식과 커피를 마시며 입산의 허가를 기다리게 되었다.

오전 11시 30분이 되니 눈발이 조금 가늘어지고 등산의 허가가 승낙되어 정오에 가까워서야 만물상 등산길에 오르게 되었다.

펄펄 내리는 눈을 맞고 만물상을 향하여 버스는 온정리를 떠나 구룡폭포와 만물상으로 가는 갈림길에서 어제의 반대 방향인 동쪽으로 조금 가니 금강산 호텔과 금강산 온천이 있고 중형 관광버스가 다니는 통로는 구룡폭포로 가는 길과 같이 철조망이 약 3m 높이로 처져 있고 북한 군인의 초병이 역시 100m의 간격으로 띄엄띄엄 서서 감시를 하고 있었다.

물론 금강산 호텔과 금강산 온천은 눈요기로 끝났다.

외금강 만물상을 오르는 온정령은 해발 858m로 남한의 대관령보다 높다고 한다. 온정항에서 만물상에 오르는 주차장까지는 21km나 되지만 도로가 좁고 굽이 심하여 버스가 돌아오를 때마다 온몸이 휘돌아 뒤틀렸다.

그나마 길이 미끄럽고 눈이 쌓여 전체의 21km 거리에서 약 17km를 오르다 체인이 없어 더 오르지 못하고 각자 오를 수 있는 데까지 구경을 하고 오후 4시 반까지 현재의 버스가 머문 곳으로 집합하기로 약속하고 우리는 각자 행동하기로 하였다.

그때 시간은 이미 정오가 훨씬 넘은 시간이었다. 나는 아들과 함께 '천선대'까지 오르기로 하고 육화암을 조금 지난 곳에서부터 속도를 내어 걷기 시작했다. 물론 정상적인 등산로를 걸으면 5.2km를 올라야 되지만 굽은 산행을 힘은 들어도 직선으로 오르니 가파른 길이라 숨이 차고 미끄러워 힘은 몇 배가 더 들었으며 통로가 눈에 덮여 짐작으로 산행을 한다는 것이 얼마나 무모한 행동인가를 알게 되었다.

그러나 시간의 단축을 위하여 불가피한 행동이었다. 약 4km를 오르니 '만정상'이 보이고 그곳에 넓은 터를 닦고 주차장시설과 간이화장실이 만들어져 있었다. 평상시 같으면 편히 이곳

까지 올 수 있는 거리를 우리 부자는 걷다 쉬었다 하면서 간간이 내리는 눈속을 오르고 또 오르며 주위경관에 취하여 연발 감탄을 하면서 앉아 쉴 곳을 찾았으나 눈이 소복이 쌓인 그 속에 감히 생각조차 못한다.

0.3km 정도를 좁은 등산로로 올랐을 때 길가에 마침 이름 모를 탁상 같은 바위가 있어 배낭에서 우의를 꺼내 깔고 앉아 가지고 간 간식으로 요기를 하고 맑은 공기와 황홀한 경지에 세혁과 나는 눈속의 천상에서 쉼 호흡을 크게 하며 폐 속의 묵은 때를 되도록 깨끗이 닦아내려 하였다.

위를 올려다보니 세 사람의 선녀가 하늘에 오르다 못 오르고 바위가 되었다는 삼선암과 뿔이 삐죽 여러 개 난 얼굴에 커다란 바위를 머리에 이고 곧 뛰어내려 올 듯이 생긴 괴면암이 앉아있는 우리 부자를 내려다본다. 바위에 달라붙은 우의를 뜯어 간신히 배낭에 접어 넣고 0.9km를 더 오르니 깍아지른 듯한 절부암을 지나 곧바로 '천선대天仙臺'에 이르게 되었다.

위로 산세를 쳐다보니 각양각색의 기묘한 바위들이 하늘을 치받듯이 삐죽삐죽 솟아있고 보는 이로 하여금 각종의 동물로부터 사바 세계에 있는 모든 것을 한곳에 모아 전시한 듯 이름 그대로 만물상이었다.

세로로 줄이 죽죽 포개진 화강암 덩어리가 각각의 형상을 갖추고 줄 맞추어 크고 작게 나란히 선 그 모양, 어느 누가 조물주의 놀라운 솜씨에 탄복하지 않겠는가?

올라온 산 아래를 내려다보니 몇몇 사람들만이 삼삼오오 오르다 섰다 하면서 천선대를 향하여 걸음을 재촉하고 있다.

이제 버스가 주차하고 있는 곳까지 5.2km를 걸어야만 한다.

올라온 기념으로 사진 한 장 찍고 약수터를 찾았으나 샘터는 없고 북한의 감시원이 있는 곳까지 내려와 샘터를 물으니 계곡에 고여 있는 모든 물이 약수라고 일러준다.

약수를 떠오려 가지고 간 빈 물병은 물론 나의 등에서 쉬어야만 되었다. 힘없이 터덜터덜 걸어 내려오는 우리 부자와 금강산도 헤어지기 섭섭한지 안개가 자욱한 계곡에 그쳤던 흰눈이 또 다시 펄펄 내린다. 설날을 앞둔 섣달 그믐날 초저녁 같은 착각 속에 꼭 좋은 일이 있을 것 같은 기쁜 마음이 솟구쳐 오른다.

금강산에 올라 많은 눈으로 편히 바위 위에 한 번 걸터앉아 보지 못한 등산객들, 바위 위에 올라서 내려다보고 쉬 한 번 못해 본 등산객, 모두 다 우리 부자 뒤를 쫓아 멀리 뒤쪽에서 몇몇이 힘없이 뒤따라온다.

버스가 멈춘 곳에 이르러 담배를 입에 물고 한 모금 피우니 그 맛 또한 천하일미다. 버스 안에는 눈을 피해 많은 사람들이 창문에 김이 서린 답답한 중형관광버스 속에서 눈을 껌벅이며 우리를 기다리고 있다. 우리 일행 중 천식이 있었다는 노인은 기침을 하다 침을 금강산에 뱉었다는 죄목으로 북한 감시원에게 벌금을 내게 되었다는 이야기로 또 한 번 차안은 술렁인다. 어찌 되었던 우리 부자는 별천지를 관광한 것에는 틀림없었다.

나는 그때가 언제인지는 모르나 우리 전가족이 이곳 금강산을 다시 찾을 수 있게 해달라고 간절히 기도를 하였다.

이렇게 나는 외금강 만물상을 관광하고 전과 동일하게 온정리 휴게소를 거쳐 북한의 온정리 세관에서 마지막 출국 수속으로 금강산 관광 카드를 북한측에 제출하고 다시 바지선을 타고 본선인 금강호로 옮겨 타게 되었다.

금강산 관광 3박 4일 중 북한에 머문 3일간은 나의 평생 최고로 많은 흰눈을 온몸에 뒤집어 쓴 기록과 함께 그렇게 바라고 기다리던 금강산 여행이었다. 객실에 돌아와 욕실에 뜨거운 물을 가득 담고 들어가니 그때야 비로소 무사히 내 발길 닿고 싶던 금강산을 다녀왔다는 안도감과 함께 피곤함이 온몸 안으로 속속들이 찾아든다.

점심 식사를 늦게 한 탓에 진수성찬의 메뉴도 입맛을 당기지 못한다. 간단한 야채 스프로 만찬을 대신하고 일찍 침대에 누웠다.

세혁은 쇼를 보러 가자고 조른다. 금강호에서 창문을 통하여 내다보는 장전항 경관은 바다도, 하늘도 모두 먹물을 뿌려놓은 듯 까맣다. 금강호는 서서히 움직여 동해항을 향하여 이미 장전항을 떠나고 있었다. 아쉬움을 남긴 채 더 머물고픈 마음이 간절히 솟구친다.

나는 이렇게 보고 느끼며 북한의 장전항을 떠나 남한의 동해항까지 갔던 길을 따라서 야간운행 선박으로 3박 4일간의 금강산 여행을 마쳤다.

관광 안내자의 말을 빌리면 금강산은 크게 내금강, 외금강, 해금강으로 나뉘며 오르는 코스는 22~23개나 된다니 산에 오르는 코스와 계절에 따라 별미로움이 있을 것으로 짐작된다.

그중 우리 부자가 다녀온 곳은 두 코스에 지나지 않아 겨우 냄새나 맡았다고 할 수 있을까?

그러나 우리의 명산 금강산 중 유명한 두 곳을 수박 겉핥기식이나마 이 땅에 태어나 어려운 현실 속에서 나의 발길이 닿을 수 있었던 것에 대하여 신에게 감사할 뿐이다.

글을 마치며 …

신사 년 섣달 그믐 날 초저녁부터 서설이 내리더니 눈은 그치고 임오년 새해가 밝아오면서 매서운 한파가 몰려오고 집집마다 지붕 위에는 하얀 눈이 살포시 내려앉아 또 한 해의 시작을 축복하여 주고 있다.

흰 눈을 살짝 스치고 흘러 내려온 맑고 산뜻한 공기는 들숨을 쉴 때마다 상큼하게 나의 코를 간지럽히고 폐속으로 빨려 들어간다.

어언 삼십 여 년 동안 시간과 달이 가는 줄도 모르고 시계 바늘 같이 직장과 집을 맴돌던 생활을 하다 회갑을 맞아 모든 상념을 떨쳐버리고자 백두산과 금강산을 등정한 후 '소가 되기 싫어' 일 년여 동안 지나온 날을 생각하며 한 편, 두 편 기록해 두었던 생각들이 종이꾸러미에 적혀져 서재 책상 서랍에서 잠자며 또한 삼, 사 년간 처박혀 있었다.

흘러간 세월만큼이나 적어놓은 종이 꾸러미도 모양과 색깔이 거무칙칙하여졌으나 없애자니 그렇고 밖에 드러내자니 또한 그렇고 그래서….

손에 쥐고 놓았다 쥐었다 하는 동안 종이꾸러미는 꼬깃꼬깃 구겨져 남루하게 되었고 정말로 어떻게 할 것인지 나는 종잡을 수가 없게 되었다.

'글이라는 것이 별거 있나? 자기 생각을 약속된 문자 부호로 바꾸어 놓은 것 뿐이지!' 하는 생각이 들면 '그래 책을 만들어보자.' 하다

가도 남에게 읽힐 것을 생각하면 나의 속내를 모두 들여다보는 듯 싶어 주저하게 되고 멈칫거려진다.

그렇게 시간은 또 흘러가고 또다시 책상서랍 속에서 잠재운 지 5년, 어느덧 회갑을 지난 지 십여 년이 되면서 그간에 살아온 삶에 대한 나의 생각을 정리한다는 마음으로 밖으로 드러내기로 결심하면서 끝맺음의 글을 덧붙이기로 하였다.

결국 끝맺음의 글을 쓰는 데도 신사년부터 병술년까지 5년의 시간이 더 걸렸던 것이다.

그렇게 결심하게 된 동기는 첫째 무엇보다도 나의 생일과 관계가 깊었으니 조금 설명을 덧붙여 볼까 한다.

생일이란 누구나 이 세상에 태어난 날.

나도 부모님과 가족들의 축복 속에 해마다 이 세상에 태어난 날만은 다른 날과는 밥상의 국과 반찬이 달랐으며 알지 못하는 막연한 기쁨 속에 매년 그 날을 지냈기 때문에 기억이 새롭다.

그런데 생전에 어머님께서는 온 가족의 생일을 태음력을 기준하여 차려 주었으며 설날, 단오, 칠석, 추석, 동지 등 절기와 함께 기일까지도 음력을 사용하다보니 나에게는 문제가 생긴 것이다.

그것은 1938년 8월 말일이 음력으로 윤칠월이었으므로 결국 음력으로 정확한 나의 생일은 윤칠월이 들어있는 해가 되어야만 돌아오게 되어 있었다. 이를 쉽게 풀이하면 양력으로 윤년의 2월 29일생의 생일은 4년에 한 번씩밖에 돌아오지 않는 것과 같이 다른 해에는 생일이 없는 것이다. 나 또한 음력으로 생일을 찾는다면 참된 나의 생일은 없었던 것이다.

따라서 나는 본 칠월을 생일로 차렸으니 그것은 참된 생일이 아니었던 것이다. 사람들은 설에 떡국을 먹으면 나이를 한 살 더 먹는다고 하고 자기 생일에 미역국을 먹으면 진정한 한 살을 더한다고들 하는데 어머님이 차려주신 나의 생일은 참된 생일이 아니고 보니 매년 생일이라고는 하지만 허전하였던 것이다.

내 나이 12살 되던 1949년의 생일은 잊혀지지 않는 참으로 걸은 밥상 차림이었다. 여름 새양복까지 한 벌 맞추어 주시면서 오늘이 진짜 생일이라는 이야기와 '만 11년 만에 1살이 되었구나.' 하시면서 그 날의 밥상머리에서 대추를 넣은 백설기 생일떡을 시루에서 썰어 건네주시던 어머님의 모습이 잊혀지지 않은 채 맴돌고 있다.

이제 오늘이 지나면 또 언제 너의 진짜 생일이 돌아올지 모른다며 평생 진짜 생일은 2~3번 찾을 것이라는 말과 함께 앞으로 너만은 양력으로 차려야 되겠다고 한 말씀이 무슨 뜻인지 모르고 그저 즐겁기만 하던 어린시절이었다.

그러던 내가 그 후 태양력과 태음력을 알게 되었고 양력으로 하면 될 생일을 어머님이 차려주시던 관습대로 지내다보니 해마다 2번씩 음력의 예비생일과 양력의 진짜 생일을 쉬게 되고 별난 생일을 가진 사람이 되어 편리하고 좋은 점이 한두 가지가 아니었다.

그런데 그 음력의 진짜 생일이 57년 만에 돌아오게 되어 비로소 나는 어머님 말씀대로라면 2살이 되는 해가 바로 2006년 8월이 되는 것이다.

나에게 그러한 뜻깊은 2006년을 보내기가 허전하여 무엇인가 추억거리를 만들기 위한 재료로 미루고 미루던 책상서랍 속의 원고뭉치를 찾게 한 것이다.

둘째는 지난 해(2005년 7월)에 나는 병원이라고 해야 치과밖에 모르다 신병으로 입원을 하게 되고 난생 처음 3시간에 걸쳐 안구 망막수술을 한 후 쇠퇴해가는 인간의 한계를 스스로 느끼며 '아! 인간이 가야 하는 그 길을 가고 있구나!' 하는 느낌을 깊이 받으면서 막연한 생각에서 특히 어린 소년 시절을 생각하며 적어두었던 글을 찾게 하였다.

셋째는 공교롭게도 2006년은 이백년 만에 한 번 있는 쌍춘절이라 하여 동아시아의 겹경사로 젊은 남녀의 결혼식은 물론 하고자 하는 한 가지 소망이 모두 이루어지는 해로 알려져 고희를 일 년 앞둔 나로서도 더욱 용기를 얻게 된 이유가 된 것이다.

병술 년에는 이러저러한 이유로 정초에 모여앉은 장성한 자식들과 귀여운 손주들의 권유를 받아들여 드러내기 어려운 졸작의 글을 이제 가벼운 마음으로 훌훌 털어 모두 드러내 보이기로 하고 바람 부는 대로 구름은 흘러간다.

-구름 朴潤用-

지은이 소개

著者 : 朴潤用

西記 : 1938년 8월 30일(陰歷閏七月 初六日) 生

密陽 朴氏 菊堂公派六十三世孫

父 朴喜鐘, 母 金点順 氏의 七男妹 中 三男

서울 特別市 銅雀區 露梁津洞 267番地에서 出生

前 社團法人 韓國園藝技術協會 理事長

現 韓國 農肥 代表理事 會長

現 (株) 三田綜合造景 會長

現住所 : 서울 特別市 恩平區 驛村洞 25 - 43

(전화 (02) 387-8852)

朴潤用의 詩와 隨筆

바람 부는 대로 가는 구름

저자 / 박윤용

1판 1쇄 인쇄 / 2006년 8월 25일
1판 1쇄 발행 / 2006년 8월 30일

발행처 / 건강다이제스트사
발행인 / 이 정 숙
디자인 / 황 윤 진

출판등록 / 1996. 9. 9
등록번호 / 03 - 935호
주소 / 서울특별시 용산구 효창동 5-3호 대신 B/D 3층(우편번호 140-896)
TEL / (02) 702 - 6333 FAX / (02) 702 - 6334

값 9,000 원
ISBN 89 - 7587 - 048 - 0 03810